# 不想上班的日子就讀卡夫卡

김남금
金南今 著
陳宜慧 譯

野人

序言

# 那群不是尋找答案，而是尋找自我的藝術家們，告訴我們如何肯定自我的生活

學生時期常常被要求寫「未來希望」，我曾夢想當教授、醫生、科學家、畫家、總統、賢妻良母。當時覺得這些想像是理所當然的，現在想來覺得很奇怪，我未來的希望和將來的職業竟是同義詞。現在這個時代和過去也沒什麼不同，只是孩子們的夢想換成了歌手、演員、運動員、YouTuber、數位創作者等職業，在多數情況下，大家未來的希望依然是某種職業。

即使畢業後找到了自己想要的工作，通常不久後就會意識到工作不是

人生的全部，並且開始產生「工作還可以就好，我只想舒舒服服的生活」、「真希望有空能到處旅行，或是聽演唱會」、「想要不用擔心工作，在巴黎生活一個月」、「休假時什麼都不想做，只想悠閒待在家」等想法。這些在學生時期不被鼓勵的想法居然才是真正的未來希望。我們也是從意識到這點開始，正式成為人生旅行者，也從此時才開始思考自己的喜好，並尋找自己想做和擅長的事。

考試時，我們只要讀懂出題者的意圖就能找到正確答案，並且得到成就感。但是生活中遇到的問題，沒有出題者，多半也沒有正確答案。每當我們嘗試去解不知道答案的問題時，我們往往能找到引領我們前進的光。本書要介紹的這些亮光就是多位作家、畫家等藝術家們「活下來」的故事。雖然我與他們初次見面都是透過廣為人知的著名作品，但是在這些超越時代受到喜愛的作品背後，一如既往是真實的人生活的故事。這些故事如同磁鐵般吸引著我，即使這些藝術家已去世短則幾十年，長則幾百年，但是我越深入了解，越覺得他們的人生故事和現今我們的生活很相像。

他們也曾把自己真實的想法放在內心深處，稀里糊塗的按照父母的意願選擇自己的職業，或是為了盡應盡的責任，不敢辭職，只敢在下班後做自己有興趣的事。少數早早找到志趣的人也因為貧窮或不如意而跌跌撞撞。他們都和我們一般人一樣，為了逃離不滿意的工作，或為了志向而堅持寫作、畫畫或埋頭於某些興趣。這些行為都反映出忠於自我的人性。

他們在日常生活和理想之間常常感到不知所措和筋疲力盡。有些藝術家酒精中毒，對自己的懦弱感到絕望，並在矛盾的波濤中掙扎。有些藝術家則因為多巴胺成癮而沉迷於賭博。這些都讓我很感興趣，看著他們逃避、掙扎和徘徊的樣子，我總會暗自喃喃自語：「哎呀，原來他們也和我一樣啊！」煩惱也因此減輕了。

為了一窺這些藝術家在作品得到廣泛認可前，那段經濟拮据且飽受精神折磨的時期，我探訪了卡夫卡為寫作而定居的布拉格城內的羊腸小徑，並來到青年海明威曾經居住過的家前，抬頭看著窗戶，並找到他當時散步的小路。我也曾經像莫內追尋諾曼第的光一樣，跟隨他的腳步踏上開往盧昂的火車，並坐上前往埃特雷塔的公車。我在梵谷割掉耳朵的地方傾聽風聲，試圖找出將他推向死亡的絕對孤獨，並且把自己的孤獨和無助寄託在他的絕對孤獨上。為了過上忠於自我的人生，我藉由這些藝術家的故事找到了適合自己的溫柔鼓勵。

如果參加「誰的生活最沒有一致性」大賽，我應該會得獎。我常常有被困在死胡同的感覺，每當這時，我都會找作家或畫家們生存下來的故事來讀。讀著這些故事讓我知道「不是只有我一個人跌跌撞撞」，並因此產生走出死胡同的力量。這些藝術家是否真的在我身邊並不重要，只要知道這個世界存在著與我有相似之處的某人，就能讓我很踏實。即使我仍流著眼淚，也有勇氣望著前方，獲得重新前進的力量。不論做什麼事，不管身處什麼樣的情況，有所動搖是基本人性，藉由藝術家們的故事領悟這一點的我因此感到安心。

雖然年過半百，但是我仍然無法確定自己的定位，也不知道自己要去哪裡比較好，所以不時會有在茂密的叢林裡徘徊的感覺。我和充滿確定感的生活相去甚遠，今後應該仍會是如此。我的身體慣性地去做自己應該做的事，但是內心卻不斷動搖。然而，看了這麼多藝術家的故事，我了解這些掙扎也是人生的一部分，並且因此慢慢相信這些自我懷疑都有其意義。

有研究顯示，缺乏礦物質的孩子會本能的刮牆壁的碎屑，放入嘴裡。像我這樣不斷閱讀和傾聽他人故事的人不也一樣？我是不是也為了填補自己缺乏的東西，才閱讀他人的生活呢？我透過沉浸在藝術家們的內心漩渦中，獲得正面凝視自己生活不如意的力量。

每當我覺得自己孤零零一個人待在黑暗中，如同被亂扔在地上的碎屑時，我就希望從大師們走過人生黑暗期的故事中得到正面的能量。如果本書的故事能像使心情低落的人開心的甜點一樣，大家在需要時一篇一篇閱讀，並從中得到力量，那就太好了。

# 目錄

## 第1部

## 自我肯定人生論的第一部



### 工作還是得做，但是令人厭倦的工作也可以成為神聖的工作

## 第2部



被關在日常監獄的人 vs 戰勝日常的人

## 第3部

## 自我肯定人生論的第三部



### 如何以自己的方式成為世界的一部分

第1部

# 自我肯定人生論的第一部

工作還是得做，
但是令人厭倦的工作
也可以成為神聖的工作

在擅長的工作和想做的工作之間猶豫不決的時候

# 在巴黎為生計打拼的巴爾札克

阿爾貝·卡謬曾說：「若不想失去完整的生活，就需要一定程度的勞動。」我認為這是正確的。勞動本就是神聖的，但是在消費社會，工作很難只維持在「一定程度」。因為我們不只靠糧食過活，還經常被商品誘惑，以致於將靈魂都獻給了工作。我們想要慰勞自己，也需要購物時產生的腦內啡，所以買了許多沒有用的東西，也因此月底繳完卡費後，我們會再次為了薪水打起精神，重新投入工作中。

「我們為什麼要工作？」工作若只是為了維持生計，我們會感到更加辛苦。尤其與花費的精力和時間相比，薪水相對少時，我們更容易覺得不值。懶於在現在的工作中尋找意義，三心二意找不同領域工作的人往往會幻想著：「如果做其他工作，我也許就能成為不同的人。」這樣的人總在擅長的工作和想做的工作之間搖擺不定，並在心裡嘀咕：「總有一天我要改變。」

不只我們一般人會這樣想。十九世紀法國小說家兼劇作家巴爾札克其實並不想當作家，而是想當企業家，所以曾多次創業。

距離巴黎帕西站六百公尺左右的地方有間巴爾札克博物館。這是個不太會吸引遊客駐足的安靜村莊。博物館的外觀也非常平凡，如果錯過寫在牆上的「巴爾札克之家（la Maison de Balzac）」，可能會找不到博物館。然而，打開綠色大門進入後，就能看到巴爾札克的世界。

巴爾札克居住在此時，帕西還不屬於巴黎市。首爾以前的範圍僅限於四大城門內，過去的巴黎也像首爾一樣，比現在小得多。巴爾札克從一八四零年到一八四七年住在帕西，並在這段期間寫了《人間喜劇（La Comédie humaine）》。他寫的每部作品都獲得了很高的人氣，在歐洲是頗具名氣的作家，稿費也很高，諷刺的是，他一生都被債主們追趕，輾轉於不同的地方生活。

為什麼他會被債主們追著跑呢？

巴爾札克是個過於樂觀的人，並且有著豐富的想像力。二十多歲的他將自己的熱情傾注在事業上。想像力、樂觀主義、口才、執行力都是令人垂涎的才華。但是當這些優點全部集中在一個人身上時卻亂了調。結果很遺憾的是他的生產力跟不上推進力。

巴爾札克首先投身出版業，毫無銷售對策且樂觀地出版了作家拉封丹（Lafontaine）和莫里哀的書。雖然印了一千本，但一年內只賣出了二十本。在出版書籍前，他雖然先計算了收益並獲得了投資資金，但由於銷售不佳，最後只換來了債務。

如果是我的話，我會就此辭職，寫稿子償還債務，但是巴爾札克不同。他試圖在一個事業失敗後，透過開創另一個事業來彌補。他相信出版社倒閉的原因是收益結構，並分析如果直接兼任印刷，就能改善虧損的收益結構，所以收購了印刷廠。雖然這個分析並沒有錯，但遺憾的是巴爾札克是經營苦手，他明明親眼目睹且經歷了理論和實務的不同，還是毫不猶豫地推展了這個計畫。

他向父母和深愛他的女人舉行事業說明會，獲得投資後收購了舊印刷廠。起初，他非常熱衷於經營印刷廠，總是親自到印刷廠視察並指揮。為了從印刷廠獲得收益，他努力製作的不是書，而是宣傳單，但是每個月需要現金支付員工們的薪資和紙張費用等開銷。最終還是因為無力償還債務而破產。印刷廠破產後，他接著想成為字體開發者，但是開展活字製造事業的他最終還是以虧損收尾，將經營權轉讓給別人。

三次生意失敗使巴爾札克在二十九歲時就債台高築，然而他對債務有著獨特的「哲學」。他認為如果債務超過能承受的水準，即使再多欠一點，也不會有什麼變化。例如一般上班族如果已經欠下了十億韓元（約兩千萬台幣）的債務，那麼即使再多借兩千萬韓元（約四十三萬台幣），債務結構也不會改變。巴爾札克以「對債務的獨特哲學」持續借貸，過著奢侈的生活並四處旅行。以現代的角度來看，就是拿信用卡借貸，拆東牆補西牆。因為這樣的「債務哲學」，他一生都飽受債務折磨，最後他還是回歸社畜生活，開始「寫小說」，為了按時完成稿件，他每天寫十八個小時的文章。他一邊對小說家的生活發牢騷，一邊托債務的福（？）拚命寫作，就像我們因為每個月沉重的卡費，忍著不辭職每天上班一樣。

如果你參觀巴爾札克博物館，就能看到他為了生計拚命工作的痕跡。那裡展示著巴爾札克坐在小工作室，每天喝三十到五十杯咖啡，與原稿開戰的模樣。稿件中密密麻麻充滿芝麻粒大小的字，完整地呈現出他巨大的能量。

他熱情開創事業的動力究竟來自哪裡？只是單純的物欲嗎？雖然這只有巴爾札克自己知道，但是我推測會不會是像我們一樣混淆了「擅長的事和想做的事」呢？雖然他擅長的是寫小說，但也許還是想從坐在小桌子前寫稿、靠領薪水維生的生活中解放吧？就像我們夢想踢開現在的飯碗，轉職做其他的工作，最終還是用擅長的事來維持生計一樣。

人生沒有按想像和計畫發展，這樣的問題對在文學史上取得顯赫功績的巴爾札克來說也不例外。他想要經商天賦，但是他真正的才能是寫小說，然而這並不意味著經商失敗的經驗毫無用處。巴爾札克不是只坐在桌子前用想像寫作的作家，而是親自站在生活面前，經歷現實。根據《巴爾札克傳》的作者史蒂芬・褚威格（Stefan Zweig）所說，巴爾札克親身體驗了「金錢的強大和罪惡」。因此，巴爾札克透過小說中的人物，生動地描繪了自己經歷的失敗。他因為想從作家這個職業中解放出來而多次創業，卻都失敗了，但反而藉由失敗中獲得的洞察寫出了閃耀的小說。

從巴爾札克曾經被困寫稿的低矮房子屋頂能看到巨大的艾菲爾鐵塔。雖然他每天都在樸素的院子裡寫小說，而且寫的是有趣的小說，但是他本人卻夢想著從事其他職業，成為否定自己才能，過著負債生活的作家。俗話說，生活從遠處看是喜劇，從近處看卻是悲劇。諷刺的是，巴爾札克如此渴望逃脫的煩人工作卻為他帶來了每天的糧食和名聲。巴爾札克博物館庭院一側的樹木之間有一座他的半身像。銅像上的他皺著眉頭，就像死了也未能從截稿期限中解脫一樣。

在他的小說中，我們經常可以看到一些受慾望驅使的人物。例如小說《驢皮記》中，驢皮是一種符咒，它可以實現任何願望，卻必須用壽命去交換。實現心願的喜悅是暫時的，因為死亡的日子越來越近。小說中的角色要面對的是實現越多願望，驢皮就越小，驢皮越小，死亡就越近。

你曾想過自己不是做現在的工作，而是從事其他工作嗎？我們腦海中的夢想往往都缺乏危險或悲觀，只有什麼都可能實現的慾望。這樣的幻想總讓我們覺得做其他工作的話，煩惱會減少，快樂也會增加。巴爾札克把我們只在腦中想著的事用整個人生親自展現出來。

「人類因為自己的兩種本能而自我消耗，這兩種本能吸乾了生命的泉源，那就是過分的慾望和放縱的行為。慾望會把我們慢慢燃燒殆盡，放縱的行為則會一舉將我們摧毀。但知識能讓我們軟弱的身心維持長久的平靜。」[1]

即使慾望將我們燃燒殆盡，對於巴爾札克和一般平凡的受薪階級，以

1 巴爾札克著，《驢皮記》

及像我這樣的自由業者來說，「慾望」是生命之水。如果沒有慾望，工作就無法持續下去，這麼一來我們就連知識都沒有了。從這個角度來看，妄想、夢想、想像不一定是徒勞的，因為那能成為我們支撐厭倦工作的力量。

在巴爾札克全心投入的生活中，我們找到了能堅持捧住飯碗的合理理由。

做每件事都失敗，自信心跌入谷底的時候

# 不斷挑戰與失敗的安藤忠雄

我們是大大小小失敗經驗的集合體。例如，因為膽固醇過高，所以下定決心少吃碳水化合物，但卻三天打魚兩天曬網，並且在把麵包和麵條塞滿嘴時，臉上卻止不住笑意。除了這些小小的失敗，還有一些世俗認為的大失敗，例如分數上不了理想的學校，或是進不了想進的公司。每當這時，我總會自嘲：「我這輩子完蛋了。」並且因為不斷累積失敗而耗盡力氣。然而，難道人生真的會因為不斷失敗而完蛋嗎？

畫地自限的人都是自己。人生中總有許多不得已，讓我們無法選擇最想要的，只能退而求其次。然而，所謂第二好的選擇就意味著失敗嗎？即使不能一次到位，我們也有方法能在第二選擇中磨練自己，使自己能移動到理想的地方。我想這個道理大家都知道，問題是並不容易做到。因為如果無法很快看到好結果，我們就很容易捲入對自己的不信任中，並且斷定這些磨練都是沒有用的。這樣一來，我們身上就會不斷留下大大小小的失敗痕跡，並且難以再對新挑戰提起新興趣。究竟失敗後是該再繼續挑戰，還是就此躺平？先別急著下定論，讓我們走進設計原州博物館、濟州島本態博物館的日本建築師安藤忠雄的獨特生活。他的人生因為無數次的失敗而變得特別。如果你也是不斷失敗的人，也許可以從他的生活故事中獲得能量。

如今的安藤忠雄以全世界為舞台，展現使用清水混凝土（清水模）的獨特建築風格。這樣的他也有過辛苦的日子。小時候他和奶奶住在一起，因為很窮，所以學習也遇到了阻礙。高中畢業後，他覺得沒有上大學的必要，為了維持生計，當了兩年拳擊手，但是發現拳擊手的生活品質並不好。後來他換了不同的工作，在日本各處旅行，因而迷上了建築，開始閱讀建築書籍。只要認為有必要，他什麼都願意挑戰。建築室內設計通識教育、夜間素描教室等，當時的他不論做什麼事都碰了一鼻子灰，用他的話來說就是「雜亂無章」。

後來，他偶然接觸到法國建築師勒·柯比意（Le Corbusier）的作品集，深深迷上了他的建築，並開始收集相關書籍。因為他渴望看看這些只能在書上看到的建築物，所以去歐洲旅行七個月。同齡人都在規畫職涯時，安藤忠雄則以自己的方式設計未來。他不是在學校學習理論，而是到現場親眼觀察，用自己的方式研究建築。

他小小的身軀洋溢著巨大的熱情和挑戰意識。他成立了設計事務所，並稱其為「游擊隊」。他以自己學習建築的方式經營公司，指導員工們自行判斷情況和決定工作流程，也允許他們嘗試錯誤。他相信只有透過這一連串的過程，員工們才能不斷成長。對他來說，失敗反而是讓人進步的引擎。

他的第一個案子是受建商委託在家鄉大阪的一小塊土地上蓋房子。他在設計第一間房子時就遇到巨大的障礙。狹小的土地上蓋的房子將臥室安排在二樓，並將通往臥室的走廊屋頂拆除，改造成中庭。這麼窄小的住宅居然有三分之一是中庭，唯有經過中庭才能到其他房間。這間房子與一般所有房間、廚房和浴室都在同一屋頂下的方便房子大相逕庭。安藤忠雄推翻了中庭只適合寬敞房子的想法，好在建商接受了安藤忠雄的點子，房子才終於建成。建造中庭，給人開放感，使居住在狹窄房子裡的人也能完整的感受到季節和天氣變化。這間脫離原有窠臼的房子當年受到建築界的關注，但是在功能層面上卻難逃批評。是該接受批評，承認失敗，還是選擇相信自己固有的風格，並繼續前進呢？會不會就是這股不把批評當失敗的氣概，才造就了今天的安藤忠雄？

建築設計事務所成立初期沒什麼客戶，未受過正規教育且初出茅廬的建築師是如何度過這一段時間呢？創業者、自營商、像我這樣的自由業者，或努力找工作的求職者也都有類似的煩惱。安藤忠雄沒有坐等顧客，而是經常拿著設計圖到公家機關提案。然而，他的提案經常被毫不留情的忽視，甚至被嘲笑只是來充數的，但是他沒有畏縮，而是將失敗視為挑戰。他將想法轉變為：「反正很難實現，就盡情地揮灑吧！」安藤忠雄經常構想將美術館或圖書館等文化設施放到空中花園中。這些天馬行空的想法不久就實現了。

從高松坐船大約一個小時就能到直島。在碼頭下船後，最先映入眼簾的草間彌生標誌性紅色南瓜，讓整座島散發著藝術氣息。直島可說是安藤忠雄之島。直島的主人倍樂生想把荒廢的直島打造成體驗型畫廊，因此委託了安藤忠雄。一開始，連安藤忠雄都覺得這是個瘋狂的想法，因為他認為不太可能有人會為了參觀畫廊而乘船來到孤島。但是堅信這個計畫會成功的倍樂生，他的膽量和安藤忠雄的創意相遇後卻證明了藝術的力量。現在，直島以全島都是畫廊的形式重生，吸引了全世界的人，成為每年兩千萬人造訪的旅遊勝地。

安藤忠雄生於一九四一年，現在的他受到老化和疾病的挑戰。但是不斷挑戰、失敗、再次挑戰的他選擇與老化和疾病正面對決。在講述他建築觀的紀錄片《安藤忠雄》中，他提到自己同時摘除了胰臟和脾臟。醫生表示他沒看過同時摘下兩個器官後還健康的人，安藤忠雄是第一個。紀錄片中安藤的臉看起來很消瘦，聲音卻很有力。他不是一個被疾病攻擊就退縮，無助且恐懼的老人。挑戰失敗後就「再來一局」，不論面對老化和創造性工作都一樣，他都選擇挑戰、失敗並再度挑戰。保持這種韌性的他會永遠年輕吧！

一般人只關注安藤忠雄的成就，卻不知道他的成就是在無數次失敗的積累下實現的。萬事的道理都是相通的。例如，想要寫好字的心態會讓人漸漸遠離書寫。其實應該擺脫「完美」的束縛，先嘗試熟悉書寫。不論什麼工作，只要熟悉了，就能看到以前看不到的路，也能開拓屬於自己的路，並且在持續累積後「做得出色」。沒有人能一開始就做得很好，但是越是失敗，挨打的次數越多，長出的肌肉就越多，也越有力氣振作起來。與其在失敗時覺得這輩子完蛋了，不如鼓勵自己：「雖然這次也失敗了，但還是再挑戰一次吧！」正如安藤忠雄所展現的那樣，讓我們避免自我設限，先從挑戰自己開始做起。

不滿意工作，想要轉職的時候

# 從拔牙師變成說書人的余華

「一個人成長的經歷會決定他一生的方向[1]。」

有多少人非常滿意自己現在在做的工作？剛開始進入公司的態度和想法都會隨著時間發生變化。大家在菜鳥時期都為了熟悉陌生的業務而緊張，但是習慣了之後，往往就是等著午餐和下班，並且在假日最後一天想到上班就憂鬱。到了這種程度，即使知道自己不喜歡這份工作，但是多數人都因為沒有特別的對策，所以無法辭職。即使想換工作，大部分人也只是想一想。然而，有少數人真的能成功轉換到想要的領域，即使那是轉職可能性很低的職業。我總是不由自主被這種人的故事所吸引。

中國作家余華原本是名拔牙師，他的小說《許三觀賣血記》被製作成電影。這名世界級的說書人居然曾經是專門拔人牙齒的拔牙師！這驅使了我的好奇心，也湧出了腎上腺素。有人會以為拔牙師和小說家之間沒有任

1 余華著，《呼喊與細雨》

何共同點，並覺得也許是因為他本來就很有才能吧！寫作才能是與生俱來，還是後天的努力，是陳年爭論之一。身為職業作家，我想把重點放在作家的「創造」才能上。

余華在文革時期還是個少年。文化大革命是在毛澤東的主導下，為了打破資本主義，並實踐社會主義而發起的運動。在共產黨執政時期，個人不能選擇職業，而是由國家安排工作。余華的父親是外科醫生，母親是內科醫生。父母都希望余華上大學，但余華沒有讀書的意願，所以從高職畢業後就不再升學。他畢業於牙科衛生系，所以被安排了拔牙師的工作。也許有人會認為這應該是薪資還不錯的工作，但是並非如此。當時不管什麼職業，薪資都是一樣的。

余華每天花八個小時觀察病人的口腔並拔牙。這在醫院像現在這樣細分牙科、整形外科、內科等之前是無法想像的事。以前的人都是在家拔牙，在更久之前的時代，如果想拔牙甚至必須去市場或理髮店，那時拔牙是鐵匠或理髮師的責任。「由鐵匠或理髮師拔牙？」雖然這很令人吃驚，但拔牙在過去被認為是由未經正規大學教育的人也能執行的小事。

總之，成為拔牙師的余華在五年間拔了一萬顆牙齒。他往往整個早上都只能盯著病人們狹窄的口腔，直到中午才有空檔抬起頭望向窗外。余華工作的牙科衛生館對面是文化院，當時在文化院工作的都是作家們。在余華眼中，這些作家看起來十分遊手好閒。他們經常遲到，上班時看起來也總像在閒晃。余華工作時必須一直盯著「世界上最小世界」的口腔，作家們卻能無所事事，悠閒漫步在寬廣的世界。不想再繼續只看著病人口腔的余華希望放棄拔牙師的工作，並成為悠閒的作家。

這麼重要的事卻是從瑣碎的動機開始的。余華夢想成為作家並不是為了寫一部優秀的小說。如果要轉行當作家，首先要寫稿子。他寫的文章只曾經登上在文革時起扮演公告欄角色的《大字報》。大字報張貼在村民來往的路口，通常刊登批判鄰居或自己的內容。如同現在大家都會在SNS上寫自己的想法一樣，大字報在當時的功能就是如此。當然，批判自己和鄰居，在村裡引起風波，甚至奪走人生命這點，與單純發表個人喜好的

SNS不同，但是在沒有網路的年代，這是用文字表達自己想法的一種手段。余華白天為大家拔牙，下班後則發揮之前在大字報寫文章的本領開始寫作。

因為當時職業自由受到限制，所以即使想換職業，也要依循黨規定的程序得到批准。難道是余華注定要成為作家嗎？幸運站在他這邊。文化大革命結束後，出現了一千多個文學雜誌。余華這樣回憶當時的情景。「大量的文學版面像飢餓的孩子般湧現，等著媽媽餵奶。[2]」

他以無名作家的身分在文學雜誌的春秋戰國時期獲得了刊載自己所有文章的機會。余華認真的寫小說，並且寄給多家文學雜誌社。如果寄給某一家文學雜誌社沒有被刊登，而是被退回，只要修改收信地址，再寄給其他家就會成功。實現量的累積後，品質也隨之成長，余華因為文學雜誌在當時處於蓬勃狀態，所以成功轉職為作家，算是很幸運。這樣的好時光過去後，要想成為作家，必須經過文學雜誌的徵文。余華就是這樣根據政治情勢和自己的處境，克服了困難。

某天，北京一家文學雜誌邀請余華到北京修改稿件，並表示雜誌社會負擔全部費用。余華想都不想，就從牙科衛生館曠職，奔赴北京。在北京待了一個月，完稿回家後，等待他的並不是對曠職的指責，居然是村民們對他的尊敬之情。在家鄉，他現在成了去北京寫稿的名人。這個「事件」讓余華通過黨那繁瑣的程序，來到了他無比羨慕的文化館工作。去文化館上班的第一天，余華遲到，十點左右才上班，卻是最早上班的人。

改變人生的第一步往往不是周密的計畫，反而是誤會或偶然。就像余華誤以為作家們都是遊手好閒的人，因此湧現了成為作家的慾望一樣。想轉職的人有時就需要別的工作更舒服和精彩的錯覺。細微的錯覺如同大藍圖的第一塊拼圖，引領著人一步步行動。就像將一片片拼圖拼成一幅完整的圖一樣，余華在拼圖的過程中根據環境和情況進行修正，最終成功轉

2 余華著，《呼喊與細雨》

職。因此，如果你不滿意自己現在的工作，一小步一小步前進可能會有幫助。余華認真寫大字報的青少年時期，以及在文藝雜誌蓬勃發展的時期發表多部作品的經驗聚集在一起，開創了與以往不同的職業道路。一位深受廣大讀者喜愛的小說家誕生始於單純討厭拔牙師這個職業，以及渴望輕鬆工作的慾望。

每次走進寫作教室時，我看到的是一雙雙閃爍著希望光芒的雙眼。白天工作，晚上努力抬起因疲勞而下垂的眼皮，應該是因為這些學生心裡有著蠢蠢欲動的夢想吧。我常常思考讓這些學生們坐在教室椅子上，而非待在家裡沙發上的動力來源是什麼？也許只是單純需要做點什麼的感覺和刺激。大部分人都是在維持生計，如同空殼般活著的同時，試著尋找未知的「自我」。探索自我時雖然需要不斷摸索，但是有時像余華一樣不想那麼多，無條件嘗試錯誤也很有意義。

對於「該如何才能成為名作家」的問題，所有作家的回答只有一個。那就是「寫作」。余華表示寫作如同經驗的累積：

「如果一個人不經歷一些事情，就無法理解自己的人生。寫作也是如此，不親自動手，就不知道自己能寫什麼。[3]」

我覺得換工作的過程不分領域都差不多。如果想辭職後用股票投資的收益去旅行，就要學習股票。若希望成為提前退休的「fire族」，前提就是努力工作，因為我們無法在一夜之間成為其他領域的專家。

余華之所以能把渴望帶入自己的生活，得益於下班後寫的一篇篇剛開始沒什麼人看的文章。如果余華沒有邁出第一步，現在也許還在拔牙，只能繼續在遠方看著那些自己羨慕的人。

如果真是如此，我們就無法看到《許三觀》。為了自己想要的工作流

3 余華著，《呼喊與細雨》

汗，我們也許會花更多時間去做自己不想做的事，只是那些時間最終能成為轉職的養分。

被自己的缺點扯後腿的時候

# 將工傷昇華為個人特色的莫內

我有個壞習慣，東西用完總是沒放回原處，所以常常花很多時間找東西。旅行時買回來的紀念品不知道放在哪，即使是相當昂貴的紀念品到了我手裡也是同樣的命運。然而，這個缺點也帶給我不輕易產生物慾的優點。當我看到有人從看起來經常使用的高級皮革盒子裡拿出鋼筆簽名時，我感受到的是自己沒有這樣的興趣。我是一個隨便一枝筆都可以用的人，甚至收到贈品的筆，只要手感不差，我都會用。我沒有非要哪個東西不可，也沒有特別喜歡的品牌。換句話說，在品味代表階級的消費社會金字塔中，我是最底層的消費者。然而，從另一個角度來看，這個缺點也是優點，因為只要有像我這樣對消費不敏感的人存在，資本家們也許就會滅亡。畢竟即使他們推出新產品，或是有差異化的商品，我也不會有太大的動搖。由於對消費漠不關心，我意外地站到了資本主義的對立面。少消費對環保有益，因此即使我沒積極實踐環保運動，但光是少消費的習慣就能減少碳排放。這個例子突顯出缺點意外的也可以成為優點。

除了這些瑣碎的日常缺點之外，如果在工作上有致命的弱點會怎麼樣？比如說，身為投手，手腕韌帶卻比較弱、夢想成為鋼琴家手指卻太過纖細，因此彈奏的力道不足、畫家得了白內障，所以畫布看起來灰濛濛的。其實，若你仔細看看那些在某個領域堅持走到底的人，就會發現不存在一點缺點都沒有的人。長期走某條路意味著那個人努力克服了因為缺點而產生的副作用。換句話說，即使有弱點，他們對待弱點的態度也不同。

態度不只能克服弱點，還能帶領我們到意想不到的地方。眾所皆知，莫內曾罹患白內障，對於需要精準區分色彩和所繪對象的畫家來說，視野中的事物模糊是致命的缺點。然而，莫內卻把這個弱點轉化為優點，這只是單純的偶然嗎？

莫內在世時就是暢銷畫家，但他並不是一開始就如此大放異彩。他與妻子卡米拉成家後，很負責任地養育孩子，但是畫作卻賣不太出去，因此窮困潦倒。因為看不到經濟好轉的突破口，他感到沮喪，曾試圖跳入塞納河自殺。幸運保住性命的莫內獲得了贊助者，因此他重新開始畫畫。

莫內小時候在學校待不住，經常逃出學校，坐在海灘上畫畫，他不適合在室內工作，所以迷上了畫戶外風景。如果他當時努力配合學校教育會如何呢？也許我們現在就無法看到這麼多出色的風景畫。莫內出外畫畫時將以往裝在玻璃瓶內的顏料裝在錫管內，這在超越自己的缺點上起到了一定的作用，因為錫管輕巧，因此方面攜帶外出寫生。莫內營造了對自己有利的環境，但他卻因為長時間在陽光下工作，上了年紀後罹患了白內障。

莫內在巴黎近郊的吉維尼定居後，於一九零八年首次出現白內障症狀。罹患白內障的最大原因是老化。此外，吸菸、戶外活動、紫外線等也是白內障發病的原因。莫內滿足所有發病的條件，他年近七十，抽了一輩子菸，為了追求光線，多在戶外工作，長時間暴露在紫外線下。白內障會使眼睛的水晶體變得混濁，讓事物看起來像霧一樣灰濛濛的。一旦出現症狀就會持續惡化，因此莫內的白內障越來越嚴重。雖然現在白內障可以透過簡單的手術治療，但當時的醫療技術使患者必須冒險動手術。莫內這樣描述自己的心情：

「紅色顏料看起來像泥濘不堪的泥水，粉紅色則像是未經提煉的髒顏色。我已經無法像以前那樣清楚地區分綠色和淡綠色，我的畫越來越暗了。[1]」

不久後，莫內的右眼就到了什麼都看不見的地步。儘管情況變糟，他也不停筆。從上述那段話可以看出他仍持續畫著與以往不同，他並不滿意的畫。由於無法區分顏色，所以他按顏色順序編排顏料，並背下顏色的編號。他於一九二三年接受了白內障手術，但視力卻沒有恢復。

罹患了重度白內障的莫內無法再像以前那樣畫畫，畫作中睡蓮美麗的顏色消失了，也因為顏料塗得太厚而使畫作色彩變暗，且難以辨識畫作中的物品。美籍策展人漢米爾頓．巴爾（Alfred Hamilton Barr Jr.）一九五五年開始在紐約現代美術館多次展示他在莫內去世後從莫內兒子米歇爾那裡買來的《睡蓮》。巴爾相信莫內的作品能給美國繪畫帶來很多啟發，當時在紐約也確實有許多藝術家都來看了這場展覽。正如巴爾所料，莫內對生活在紐約的藝術家產生了影響，他的作品為美國抽象主義帶來了靈感。對於去除型態，並將顏料噴在畫布上以追求抽象性的畫家們來說，莫內在罹患白內障後所作的畫是一種謬思。

儘管莫內對於罹患白內障絕望不已，但始終沒有放下筆，最終讓這個缺點成為他的特色。一般人通常不願承認自己的缺點，並試圖隱瞞，或者即使承認，也往往無法克服。身為白內障患者，莫內如實畫下罹患眼疾的雙眼所看到的事物。這些又暗又厚的顏料堆疊與實際睡蓮的顏色相去甚遠。畫家看不清楚事物顯然是致命的缺點，但是這個缺點卻變成了他的新特色。如果莫內遭遇這樣的挫折後就停止畫畫會如何呢？

在得到好成果前總要經歷一些辛苦的過程。我的第一部著作《歡迎，來場初次獨自旅行吧？（어서 와, 혼자 여행은 처음이지?）》也是因為我

1 李志煥（이지환）著，《世宗的腰高第的骨（세종의 허리 가우디의 뼈）》，Bookie（부키），2012，p.132

是路痴才能寫出來。旅人看不懂地圖是致命的缺點。在谷歌地圖尚未像現在這樣征服世界前，大家都是使用紙本地圖。每個城市免費提供的導覽圖上往往只簡單介紹城市中心這塊狹窄的區域。由於我不太會認路，所以總是走到地圖的範圍之外。地圖外沒有遊客必訪的旅遊景點，只有當地人居住的平凡房子和街道。每次走出地圖的範圍時，我都會因為迷路而埋怨自己是路痴，但是仔細想想，這卻是進一步貼近當地人生活的機會。我將這些迷路的過程彙集成書，這不只使我學會計畫專屬自己的旅程，還培養出即使脫離生活常軌，也能與不安保持距離的洞察力。我的缺點就這樣引領我到意想不到的地方。

莫內不顧白內障這一致命弱點，沒有放下畫筆，畫出了與正常眼睛所見時不同的畫，他從這一點得到了很大的安慰。無論是微小的缺點還是致命的缺點，這個世界上沒有無缺點的人。然而，看待缺點的態度卻會帶來不同的結果。因此，我們都必須好好思考是該撇過頭不去看缺點，還是即使不想看，也誠實地與之奮戰。

# 勉強上班，每天都很痛苦的時候

# 布拉格的斜槓之王，卡夫卡

有個形容詞叫做「卡夫卡式的」，用來形容沒有希望，無法忍受的情況。人生在世，會有人沒經歷過卡夫卡式的情況嗎？遇到這類情況時，我們會用各自的方法解決。有人會瘋狂來場美食巡禮，因為盡情用美食填飽肚子能療癒身心。所謂療癒是指不受壓力影響，身心處於健康狀態。但是我認為療癒這個詞像幸福一樣主觀且模糊，也許是因為我覺得療癒只是「暫時的」。如同暴食症患者要填飽肚子直到吐出來才能緩解飢餓，但是卻無法真正滿足渴望，所以仍不斷進食一樣。

有些人下班後會尋找能夠發洩壓力的事情。我偶爾會因此喝很多酒，第二天宿醉難以睜開眼睛，這時總會想起卡夫卡式這個形容詞。我對失去自制力的自己感到失望，只要稍微動動身體，前一天喝的酒精就會滴下來的狀態讓我感到很痛苦。這樣的失控往往使我連續幾天都纏綿病榻，無能為力。然而，我反而因此對生活有了新的想法。我對自己感到失望，想活得和前一天不一樣，這不正是我活得好好的信號嗎？只追求快樂的人生反而證明我不願意看清自己的本質。雖然在捷克出生長大，但用德語寫作的卡夫卡是創造「卡夫卡式」一詞的源頭。現在，就讓我們走進他一輩子都如同卡夫卡式的生活吧！

卡夫卡沒有逃避這種絕望的處境，而是堅持下去。對他來說，成年人的生活就是完成自己的責任，即使那是不想做的事。他按照被分配的責任，以成年人之姿接受絕望，並用自己的方式堅持了下來。他為了在卡夫卡式的情況下繼續努力，選擇只在下班後以「寫作者」的方式生活。他在假裝適應壓抑環境的同時，用自己的方式進行抵抗。卡夫卡白天是工傷保險公司的正職員工，下班後則有寫文章這個副業。正職和副業，我認為這是過時的概念。

在過去，工作和生活平衡也和現在一樣受到重視。在卡夫卡在世的一百多年前，當時的人們也追求和我們一樣的東西。我想，也許卡夫卡是強烈追求工作與生活平衡的人。他白天在辦公室盡責工作，但是興趣廣泛的他在閒暇之餘也從事各種興趣。他不只會去劇場看演出，也很關注新科技，並且沒有疏忽運動。每天早上他都會敞開窗戶運動，也很享受游泳和划船。他經常出入SPA和水療中心，並參加新的健康療法計畫。他還親自打理院子。他一輩子不抽菸，也不喝酒、茶和咖啡。另外，他還成為素食主義者。卡夫卡對旅行充滿熱情，經常去其他國家旅遊。他如此充滿活力地生活著，讓人無法想像他是在充滿他作品中描述的黑暗陰影中生活過的人。

然而，他因為多愁善感，所以對噪音非常敏感。他覺得家人晚餐後的聊天是噪音，所以在家吃晚飯後需要四處尋找安靜的地方。實際上，他為了擁有不受任何人打擾的安靜空間，經常換房子。輾轉多個地方後，他終於在布拉格附近的黃金小路二十二號小屋裡迎來了平靜。他下班後會在天花板低且空間狹小的家裡寫作到深夜。布拉格的冬天常常看不到陽光，即使晴天，太陽也下山得很快，導致黑暗長時間籠罩整個城市。卡夫卡白天上班時認真地處理被交辦的業務，夜幕降臨時則盡情宣洩徬徨的心情。就像我們下班後打開Netflix，無所事事度過週末後，到週一早上會因為罪惡感而決心做點什麼一樣，卡夫卡也曾以這樣的心情寫作：

「我從今天開始一定要寫日記！有規律地寫！不能放棄！即使現在沒有任何救贖，我總有一天能擁有得到救贖的價值。」[1]

正如我們每天沒有做該做的事，不斷反省並下定決心一樣，卡夫卡寫日記時也經歷過這樣的過程。死後一百年仍讓研究者迷戀不已的他也曾對自己沒能自律進行反省，並決心改過。

如果他沒有過這些掙扎，那麼今日還會有這麼多人被他留下的小說所吸引嗎？他還算適應職場，工作也做得不錯，但是卻一直在考慮離職。他寫道，如果辭職，只會失去「需要忍受的東西」。儘管如此，他還是沒能輕易辭掉工作。就像我們每天想辭職的心情即使如海濤般洶湧，也不敢輕易辭職，仍在不滿意的工作中堅守自己的責任一樣。這情況其實很普遍。卡夫卡出生在富裕的家庭裡，沒有生活壓力。他並不是為了生計而把勞力獻給不滿意的工作，而是因為父親的期許。換句話說，他認為成人必須承擔不願意做的事，因此沒有隨意抗議。即使無法輕易脫離既有的社會秩序，高喊自我，但是如果少一點責任感會怎麼樣？每天都馬馬虎虎地工作等著下班會不會比較輕鬆？事實上，即使如此，我們心裡也會很掙扎。在自己的崗位上不盡全力，又因為各種理由無法辭職，只是在消磨時間，這樣做最辛苦的還是自己。因為我們也許可以欺騙別人，但是騙不了自己：

「工廠對我造成痛苦，當人們要求我每天下午都要在那裡工作時，為什麼我就這麼接受了呢？明明沒有人用武力強迫我。」[2]

或許卡夫卡也需要如何放棄不想做的工作，或是懶惰生活的方法之類的建議。如果只看他的作品，會認為他似乎沒能適應所屬的社會，一輩子

1 法蘭茲．卡夫卡著，《卡夫卡的日記》
2 法蘭茲．卡夫卡著，《卡夫卡的日記》

都是邊緣人，但實際上他其實適應得不錯。他只是不滿意這樣的自己，所以在《變形記》中化身為一隻蟲子來表達心情。然而，諷刺的是，即使在小說中，他也無法成為自由的靈魂。

《變形記》中，主角葛雷戈當了五年推銷員，變成蟲子後仍擔心上班和工作。出差時，其他員工起得很晚，還在吃早餐時，葛雷戈已經早起去工作。看到其他員工這副模樣，葛雷戈這樣想：

「若不是為了父母一直忍著，我早就遞交了辭呈，並且走到老闆面前，毫無保留地吐露我的想法。」[3]

卡夫卡的心情在二十一世紀也很常見。許多人都是即使想辭職，也為了不讓家人擔心，以負責任的成人之姿忍耐著。葛雷戈變成蟲子後，他的父母和姊姊仍然輪流來催他上班。但是，難道沒了家人的壓力，他就會辭職嗎？

想解決問題，首先要了解原因。家人是無法解決的壓力，更何況在生活困難時，我們多半無法明確知道原因為何。

「世界每天都在變窄。剛開始我因為太寬而害怕，一直跑，終於在遠處看到了牆，所以感到很幸福。然而，這些高牆卻很快往內縮小，不知不覺我逃到最後一個房間，那房間角落有陷阱，我撲向那裡。」[4]

這是短篇小說《小寓言》裡的老鼠說的話。貓告訴老鼠可以換個方向，但這不是件容易的事。

卡夫卡主要用文字描寫遵守既有秩序的人所經歷的內在掙扎。閱讀作品時，我彷彿看到老鼠的人生和我的生活重疊了。雖然我的外表沒有變成

3 法蘭茲．卡夫卡著，《鄉村醫生》
4 法蘭茲．卡夫卡著，《鄉村醫生》

老鼠，但是內心看待事物的認知卻和那隻老鼠一樣。葛雷戈變形成蟲後內心的想法改變了嗎？即使他變成蟲子，仍在晚起錯過上班的火車時，焦急地等著下一班車，由此看來，生活的本質不論如何都是辛苦的吧？

我從卡夫卡的生活和作品中得到了安慰，因為我領悟到原來不只我一個人辛苦。卡夫卡不願意出版他寫的作品，所以拜託朋友在自己去世後將原稿全部銷毀，幸虧朋友並沒有答應卡夫卡的請求，因此卡夫卡的作品和生活才能留在我們身邊。卡夫卡若一天沒寫作，就會鞭策自己。這樣的他為什麼想銷毀原稿呢？既然他希望完成人生的目標，寫了那麼多稿件不就等於成就了這個目標嗎？不管是美食巡禮還是旅行，我們都要鼓勵自己藉由從事各種興趣好好生活。

想逃避工作的時候

# 窮困潦倒的工作度假先驅，海明威

竟然一邊工作一邊旅行（Workation）！光是想像就湧出讓人快樂的腦內啡。這不只是嘴上說說，而是可以實現的，只要打開網路，就會看到相關的照片，那就是夢幻的工作度假。這是work和vacation的合成語，直觀的理解就是結合工作和休假。還有比這更理想的生活嗎？即使流了許多汗我們也想實現工作與生活平衡不是嗎？在搜尋視窗中鍵入Workcation，充滿魅力且理想的生活天堂就展現在眼前。

玻璃窗外，不是密密麻麻的建築叢林，而是充滿樹木的真正森林，或是能看到水平線的藍色大海。這樣的景色感覺能讓人湧出原本沒有的創意，即使工作十二小時似乎也會很輕鬆。真想馬上跑過去。我們生活在只要有筆記型電腦就可以與任何人連結的時代，所以我決心要去工作度假，設定了出發日期後，我開始確認價格，但是卻發現多數度假地一個月費用超過一百萬韓元，稍好一點的地方也要數百萬韓元。「畫餅充飢」後，我很好奇到底有沒有能夠承擔如此昂貴費用的自由業者，所以在網路上搜尋了各種心得。

哇，工作度假的門檻真的很高，因為現在許多大企業也將此做為防止有能力的ＭＺ世代員工離職的福利。我很快洩了氣，因為這不是像我這樣收入不穩定的自由業者所能擁有的。一般上班族也是一樣，即使每天朝九晚五，帳戶仍空空如也，這讓人充滿相對剝奪感，不斷想著「別人是不是都過得比我好」。這時，不妨看看《老人與海》作者海明威的青年時期吧！我認為海明威是工作度假的先驅。

海明威高中畢業後當過記者。一九二一年，二十二歲的海明威作為加拿大《多倫多每日星報》的特派記者前往巴黎。那是他與第一任妻子哈德利結婚之後的事。他移居巴黎的首要目的是為了寫作。但是他的本業是特派員，所以在巴黎仍需出差和寫報導。

就像我們很難同時經營好上班族的本業和其他副業，海明威也是一樣。特派員的工作性質是必須經常出差，所以很難專注寫小說。而且，他當時負責的工作是採訪墨索里尼，或希臘和土耳其戰爭。雖然寫作也是他工作的一部分，但卻是與寫小說不同的寫作。最後，他終於決定辭掉工作。

這等於是下定決心放棄每個月按時領取的薪資，用不知何時才能收到的稿費過窮日子，但是他仍然選擇了夢想，即使貧窮，他也要集中精力寫小說。

海明威為什麼會被陌生的城市吸引？因為他喜歡旅行。巴黎是方便前往歐洲其他城市的絕佳地點，也是一個富有靈感的城市，所以他真心做好餓死也要工作度假的覺悟。但是他並未成為做好工作與生活平衡，並且在巴黎悠閒享受生活的作家。他當時雖然能戰勝焦慮又充滿魄力，卻還只是年輕無為，需要為家庭負責的無名作家。

他住在貧民區勒穆瓦納樞機主教路（cardinal Lemoine）七四號的一棟公寓內。兩房的房子裡沒有熱水，也沒有像樣的衛生設施，只有簡單的馬桶。儘管如此，海明威之所以能夠維持工作度假的精神，是因為其樂觀個性。他能在不舒服的環境中尋找優點。他常說只要窗外風景好，有張舒服的床，或者牆上掛著一幅喜歡的畫，就滿足了。

窮困潦倒的他為了節省伙食費，常常餓到中午，並對妻子謊稱中午有約會後出門。但是根本沒什麼約會！因為沒有人會想約窮困的無名作家。

海明威出門後通常是獨自在盧森堡公園和博物館散步。巴黎的街頭四季都會飄出美味食物的味道，從剛烤好的麵包到熱騰騰的食物，這些味道折磨著年輕的海明威。肚子餓的時候聞到食物的味道會更餓，但是海明威找到了控制飢餓的方法。為了躲避刺激食慾的食物味道，他選擇走沒有餐廳的巷子到盧森堡公園，並不斷自我催眠。他相信肚子餓會使感官變得敏銳，從而進入欣賞畫作的最佳狀態。他告訴自己身體上的飢餓能刺激精神上的飢餓，並使人看到肚子飽脹時看不到的東西，同時不斷強調：「肚子餓意味著健康，肚子餓時畫作看起來更清晰。」

即使這麼做可以控制飢餓，如果沒有人買他的文章，手稿就會變成廢紙。對於寫作的人來說，這是最想避免的事，但卻無法控制。對於無法控制的事，我們會感到不安，海明威也不例外。為了平息不安的情緒，他曾一度沉迷於賽馬。如同我們遇到自己能力不及的無奈情況時，會為了逃避而沉迷於遊戲，或不斷看無意義的短影片一樣。

然而，這種匱乏卻在海明威寫小說時起了重要的作用，他創作的泉源多來自於缺乏。他透過小說中的人物充飢。在那時期撰寫的小說《太陽依舊升起》中，經常出現人物們在派對狂歡吃喝的場景。被描寫為美食家或大胃王的人物每天晚上都會在充滿美食和美酒的派對上狼吞虎嚥，但是第二天早上起床後等著他們的卻只有空虛。或許是因為之前的他寫報導拿到薪資就能填飽肚子，但內心卻更飢餓，所以小說中設定了相反的情況。

海明威在巴黎時即使很窮，仍將重心放在工作度假能得到的東西。現在坐落在塞納河畔，成為熱門景點的「莎士比亞書店」當時位於奧德翁十六號，由出版業者西爾維亞．畢奇（Sylvia Beach）經營，是居住在巴黎的作家們聚會的秘密基地。在這裡，海明威與葛楚．史坦（Gertrude Stein）、詹姆士．喬伊斯（James Joyce）、埃茲拉．龐德（Ezra Pound）、法蘭西斯．史考特．基．費茲傑羅（Francis Scott Key Fitzgerald）等當代知名作家和出版人見面，並練習寫作。他曾說過，在人生中遇到好人並與他們相互影響的巴黎是慶典之都。

海明威所經歷的不僅僅是經濟上的困難。即使餓著肚子，他也抱著對原稿的希望堅持了下來，但是某次他卻弄丟了原稿。那是他在里昂火車站等火車準備前往阿爾卑斯山度假的時候，妻子哈德利將他之前寫的稿子全部放在包包裡，以便他抽空修改。然而，那個包包卻被偷了，只留下一篇稿子，這篇稿子的故事沒頭沒尾的，即使寄給出版社，也被退回了。現在已經是備受歡迎的世界級作家海明威居然也有過這樣不順的時期，但是當時處在那種處境下的海明威表現出的態度卻令人驚訝。

他對妻子和朋友表示，失去一些早期作品或許對自己來說是件好事。他打算趁此機會再寫一部短篇小說：

「起初，我只是為了安慰他而撒謊，但是在說這話的那一刻，它就成真了。」[1]

面對巨大的危機時，懷疑自己的能力是沒有幫助的。此時若誇張地相信自己的能力，反而能感到安慰，並發揮實際的力量。海明威為了安慰別人，將自己的沮喪變成了謊言，他找不到丟失的小說片段，所以只能重寫。他主動選擇飢餓，並且在遇到困難時仍忠於作家的身分。雖然海明威將巴黎稱為慶典城市，但是他絕對不是我們想像中華麗的工作度假者。

世界上沒有既能享受工作和度假，又能賺很多錢的好工作。那只是我們的嚮往。我看到實際上在風景好的城市工作度假的人表示，他只是換了工作地點，工時還是一樣長，所以下班後沒有餘力做其他事情。只有「不在大城市，而是身處度假勝地」的「想法」可以減輕他的疲憊感。

在如同樂園的地方看著美麗的日出和日落工作，不是疏忽工作，就是會感嘆自己即使不在都市叢林工作也無法好好享受。此時，海明威說過的話也許能讓人感到安慰：

1 海明威著，《流動的饗宴》

「即使去其他國家也不會有什麼變化。從這個國家到那個國家，換地方工作這種事我已經做過了，這樣做沒什麼幫助，也無法逃避自己。」[2]

也許「Workation」是極度刺激我們幻想的字眼，讓我們誤以為可以在美麗的自然環境中同時享受工作和度假，而我們抱有這個幻想的真正原因可能是想擺脫不滿意的東西。「若想要享受喜歡的東西，就要付出相應的代價，當你懂得付出代價並獲得，從而領悟時，才是享受生活。[3]」我將海明威的這句話刻印在我的心裡。

2 海明威著，《太陽依舊升起》
3 海明威著，《太陽依舊升起》

不斷離職又入職，如同遇上D.C.記號[1]

# 作曲的上班族，巴哈

許多事如同人際關係，無法用一句話來明確定義。我在三十多歲時暫時停止工作，以旅行和探索前途的方式度過兩年的「空檔年（Gap year）」。換句話說，我自願成為無業遊民，因為我不希望在我四十多歲時活得和三十多歲時一樣，但是我也還沒想好未來想要的樣子，純粹是不想以現在的面貌迎接四十歲。我茫然地想換工作，所以辭職了兩次。因為不是有計畫地辭職，所以我瞬間成了時間富翁，也就是無業遊民。雖然收入歸零，每個月的信用卡金額卻沒有減少，存摺餘額下降得很快。然而，比起變少的存摺餘額，我更需要努力忍受的是周遭的眼光。雖然我稱此為人生準備期，每天都過著完全由我自己設計的一天，但是我在別人眼中就只是個「無業遊民」。這個標籤慢慢影響了我，最終我也開始用這個標籤來看待自己。

1 樂譜中用來標示從頭開始的記號。

雖然我在心裡吶喊著「工作只是我的一部分」，但是工作確實也定義了我。對待工作的態度、工作中遇到的人、使人做不想做的工作的環境，以及忍耐這些不得已所得到和失去的東西都建構了我。而這一切的背後是我對自己和他人的責任感。

寫書看似是獨自工作，但其實當然不是靠我一個人完成的。即使是以個人經驗為基礎的隨筆，資料調查也是必須的。在調查的過程中，我需要讀完全不感興趣，或讀來感到厭煩的書，並在書寫時想像著看不見，或即使真的存在，也只有一小撮的讀者。另外，在書走向世界之前，我也必須接觸設計師、編輯、行銷等出版社相關人員。這麼多人都為了製作一本書而煞費苦心，但出版後卻往往不見得是美好結局。不僅如此，過程中還有許多不順心且讓人難過的事。連像這樣看似獨自作業的工作，仔細觀察的話也會發現不是獨自完成。其實，這個世界上沒有工作是能獨自完成的，無論是多麼富有創意的事。

工作不分領域都有相似之處，花式溜冰選手看似只要滑得好就可以，但事實並非如此，想要不失誤地完成漂亮的表演，必須投入大量時間在基礎體能訓練中。我們在比賽現場看到的短暫表演，是選手們在賽場外花費許多時間的產物。肉眼可見的成果都是在日常反覆做不想做的事情後得到的。這成果是飲食控制、肌肉訓練、日常自律等無人問津的小事集結而成。運動員或普通上班族的工作可以預料背後會有這些訓練，但是創意藝術家的工作呢？像音樂之父巴哈這樣的大師過著什麼樣的生活呢？何謂音樂生活？是只做音樂的生活嗎？

正如我們所知，巴哈是教會音樂家，巴哈家世世代代都是音樂世家。巴哈的父親是宮廷音樂家，堂兄弟們也是音樂家，哥哥則是教會風琴演奏者。從他家裡的氣氛推測，巴哈是聽著風琴演奏長大的。他在成為音樂家前就已經過著音樂生活，就像我們在地鐵裡只要有耳機，就能沉浸在K-POP中，在上下班時間也享受音樂生活一樣。

巴哈生活的時代，以德國中北部地區的圖林根為中心，教會音樂非常發達，這是受宗教改革家路德的影響。路德認為，音樂是上帝的禮物，也是祝福，能讓人忘記憤怒、絕望、嫉妒、驕傲等邪惡骯髒的情緒，是繼神學之後非常重要的東西。而且巴哈生活的時代個人能選擇的職業並不多，一般會繼承家業。在這樣的時代背景和個人環境中，巴哈自然而然走上了教會音樂家的道路。

巴哈十歲就失去了父母，於是八名兄弟姐妹分散投靠親戚家，巴哈住在風琴演奏者大哥家裡。雖然哥哥照顧著他，但是他無法一直依賴哥哥。他沒有上大學，而是選擇敲開就業的大門。就像我們比起中小企業更偏好大企業一樣，巴哈也報名應徵圖林根地區古老城市桑格勞森最大教堂的風琴演奏者。巴哈不是像莫札特那樣的天才，當時他沒應徵上。任何人都可能被想入職的地方拒絕，並因生計所迫而就業，對巴哈來說也是如此。最終巴哈在宮廷（薩克森－威瑪）以侍從兼小提琴家的身分邁出了第一步。

多數人都是進入第一個職場後，才開始思考這份工作是否適合自己。進入職場，並在現場體驗實務之前，我們認知中的工作非常抽象，只看到大致的面向，入職後才了解工作的具體本質，並領悟到做自己喜歡的業務只是工作的一小部分，大部分的工時都要獻給即使效率低，也被公司要求做到的細節。從這時開始，我們才看清這份工作的真面目，也因此心中逐漸對其他工作充滿渴望，並抱有對其他職業的幻想。

巴哈擔任了六個月的宮廷音樂家，領悟到許多東西後辭職了。巴哈的職涯起點並不華麗，也未受到關注。他只是為了養活自己而盡職盡責地工作並跳槽的上班族。

由於當時是教會音樂發達的時期，若有新的風琴進入教會，演奏者就會先對風琴進行測試。巴哈報名應徵了一個教會的風琴演奏者，聽了巴哈的演奏後，教會給予他風琴演奏者的位置。巴哈就這樣以教會音樂家的身分，邁出跳槽的第一步，接著他從這個教會跳到那個教會，並以此方式工作了三十年。

我在換工作的時候發現每個工作單位都有自己的特點，即使同樣是在行銷部工作。教會也是一樣，即便是擔任風琴演奏者，也有教會要求創作在每週的禮拜時間歌唱的讚美詩。因此，巴哈創作了兩百多首讚美神之愛的清唱劇（Cantata）和前奏曲（Prelude）。如果說二十一世紀的上班族是與Excel表單奮戰，並撰寫報告書，巴哈則是在五線譜上寫讚美詩。

我發自內心尊敬上班族，特別是過二十年以上朝九晚五生活的上班族。這對在學生時代就經常缺課的我來說是難以企及的偉大。但是上班族的職業特性是「可取代性」，意思是再有能力的人，其工作也可以由別人來代替。即使在上班時自我效能感達到滿點，但辭職脫離公司後，效能感就如同海市蜃樓一樣消失。巴哈或許也和現代的「上班族」相似。

上班族之中有忠於公司的人，也有一有空就準備跳槽的人。雖然我無法確切了解巴哈的心情，但從他的行為來看，他似乎是一有空就會去了解其他公司的人。巴哈如果只是遵從教會習俗的上班族，他也不會成為音樂之父。

當整個村莊以教會為中心運轉時，巴哈卻夢想著能在更好的條件下工作。某次，他懷著跳槽的夢想去應徵另一個城市的教會風琴演奏者，因此幾天沒回家。雖然歷史上並未記錄當時發生了什麼事，但可以肯定的是巴哈回家後開始用與以往不同的方式演奏風琴。教會的人抱怨巴哈在幾天內改變的新演奏技巧，但巴哈則堅持自己的演奏方式。想要擺脫習慣，就需要勇氣來對抗眾人的反對和批評。最後，他前往其他城市應徵，成功成為一名風琴演奏家。應徵時，他演奏的是自己作曲的《基督躺在死亡的枷鎖上（Christ lag in Todes Banden, BWV4）》。

此後，二十三歲的他以威瑪宮廷風琴演奏家兼室內樂團團員工作了近十年。如果在一個領域工作了三年以上，無論自己再怎麼想否定，該工作適性的機率都很高。我認為三年是掌握工作是否適合自己的轉捩點，因為如果超過三年，就會被視為該工作的「有經驗者」。至少成為一次有經驗者是值得的，因為在一個領域長期堅持的人，會給人即使轉到另一個領域，也能熟悉工作並堅持下來的感覺。

巴哈在十年間輾轉各地，成為風琴演奏大師。展技曲和聖詠前奏曲等都是在這個時期創作的。此後，他又重新成為宮廷音樂家。在科登（Köthen）宮廷，他以豐厚的年薪成為引領管絃樂的樂長（Kapellmeister）。

科登宮廷並不重視教會音樂，因此巴哈擺脫了創作教會音樂的負擔，自由地創作協奏曲或室內樂。因為在科登宮廷可以埋頭做曲，所以巴哈本想在那裡工作一輩子，但未能如願。

此後，巴哈在聖托馬斯學校和萊比錫四個教會負責教會音樂的領唱，換句話說就是擔任音樂總監。入職條件除了音樂總監之外，還教學生拉丁語，巴哈在這座教堂工作了二十年。他每週寫一首教會展技曲，並寫了《馬太受難曲》、《賦格的藝術》等。巴哈寫如此多的作品並不是因為他是天才，而是由於每個教會和宮廷給巴哈的要求都略有不同，巴哈對被賦予的工作十分盡責。這與我們想像的，將因藝術靈感浮現出的旋律轉移到五線譜上的作曲模樣並不同。從巴哈的生平傳記來看，與其說他是依靠靈感創作樂曲，不如說更像是以交報告給公司的方式寫出了曲子。

小時候的我以為藝術家是與生俱來的，我相信他們是有天生的才能而成為藝術家，但後來我改變了想法，認為這是一種職業。對我們一般人來說，巴哈是天才音樂家，也是音樂之父，但他也只是為所屬的教會、宮廷或市議會創作或監督活動所需的音樂。後來被稱為「柏林巴哈」或「漢堡巴哈」的二兒子卡爾・飛利浦・愛馬努埃爾・巴哈（Carl Philipp Emanuel Bach），以及被稱為「倫敦巴哈」或「米蘭巴哈」的小兒子約翰・克里斯蒂安・巴哈（Johann Christian Bach）受矚目程度都不及他們的父親。

無論多麼有創意的事，只要近距離觀察，就會發現那是每天用責任感一點一滴完成的。身為一名無名作家，我從事無人關注的孤獨寫作工作，因此我從巴哈的故事中得到很多安慰。如同現代上班族不斷反覆做著不起眼的工作，堅守神聖的飯碗一樣，巴哈也像遇到樂譜上的D.C.反覆記號般，不斷入職和辭職，堅守工作的神聖性。

寬廣的河流是由小水滴匯聚而成，即使是音樂大師的創意性工作，也不是下定決心作曲就能馬上成為著名的音樂家，而是每天盡職做好自己的工作才能創造出傑作。精彩的人生不是一次巨大的驚喜換來的，而是用責任感不斷完成瑣碎的工作，不懈地打磨才能達成。

# 第2部

# 自我肯定人生論的第二部

# 被關在日常監獄的人

# vs 戰勝日常的人

沉迷於某種興趣如同獲得救贖的時候

## 德國富森小鎮的建築癡，路德維希二世

不滿意現在做的工作時，我相信堅持下去的方法就是從事別的興趣。這種做法是把雙面刃，因為如果過分投入，可能連日常生活都會一團糟。然而，許多事情就是因為某些人的投入，使其他人能享受到高品質的成果。適度地追求興趣可以讓我們的日常生活維持平靜，過於投入雖然會打亂自己的生活，卻可能使他人受惠。相關的例子不勝枚舉。

眾所周知，被稱為「太陽王」的路易十四生活非常豪奢。他的宮廷生活是奢侈的極致，尤其熱愛芭蕾，因此他經常在宮殿裡舉行芭蕾舞表演。芭蕾舞是綜合藝術，不僅要有舞蹈家，還需要合適的服裝和音樂。隨著芭蕾演出的發展，不僅是芭蕾舞蹈本身，芭蕾服裝和音樂也一起發展。在君權神授的時代，不同的藝術形式都是隨著國王的嗜好發展起來。國王喜愛的藝術資本流動匯集了人潮。然而，資本帶動藝術發展的方式不僅僅存在於君主時代，現代也是如此。

十九世紀在德國南部地區的巴伐利亞王國，某位國王將自己視為太陽王的浪漫陰影，稱為「月王」，他就是路德維希二世，他對藝術的熱情完整地留在了巴伐利亞。路德維希二世在君主制衰落時期當上國王，他早年喪父，十九歲就登上了王位。在奧地利和法俄的包圍下，戰爭如火如荼，巴伐利亞王國也被迫參戰。但是他對政治完全不感興趣，身邊充滿政治野心的長輩讓他神經衰弱，他因此退縮逃到文學、藝術、音樂以及宮廷建築中。他建造了劇場，向大眾介紹從莎士比亞到莫札特等藝術家，不僅舉辦演出，還親自參與了話劇。對他來說，藝術是避風港，讓他可以逃離冷酷且令人窒息的宮廷生活。他是華格納音樂的狂熱粉絲，不只幫華格納還清欠下的所有債務，還將華格納帶在身邊，給予物質和精神上的支持。

國王這個職業不適合路德維希二世，他對複雜的國情漸漸失去興趣。就像我們踏入公司工作了一段時間後，發現那個工作不適合自己，所以逐漸失去興趣，想逃避一樣。某天，他參觀了凡爾賽宮，回國後感嘆巴伐利亞王國沒有一座像法國一樣華麗的宮殿，因此有了建設凡爾賽宮等級宮殿的願望。令人羨慕的是，他具有實現的能力，因為他是國王。

他將王室的財產大方地用於建造豪華的城堡。最終導致王室財政困難，他後來還申請了個人貸款，投入到宮殿建造的工程中。他對美的熱情發揮到極致，但是越是如此，就越疏忽國政，財政也走向破產，最終被趕下了王位。被廢黜幾天後，近郊的湖裡發現了他的屍體。他的死因成謎，雖然官方宣布為自殺，但是沒有人知道確切原因。

他揮霍財產時留下的宮殿遺產，現在每年都會吸引全世界的遊客到巴伐利亞。首先是上阿瑪高小鎮(Oberammergau)阿爾卑斯山腳下的林德霍夫宮。沿著寂靜的林蔭道走，林德霍夫宮映入眼簾。這座城堡原封不動地反映出路德維希二世想要模仿凡爾賽宮的願望。規模雖小，但是非常華麗，內部還有像凡爾賽宮一樣的鏡廳，庭院也是仿效凡爾賽宮的特里亞農建造的。路德維希二世不愧有「月王」之稱，他經常在這裡躲避陽光，在黑暗中點燈散步，並且喜歡在月光下滑雪橇。

他沉迷於建築的行為在菲森的新天鵝堡（Schloss Neuschwanstein）達到頂峰。新天鵝堡的意思為「天鵝城」，但原本是要塞。要塞是在戰爭中為了保護領土不被敵人入侵而建造的，因此主要位於高且孤立的地區。到城堡要走四十分鐘左右，路徑平緩，城堡後山巒如屏風，我終於走到城堡前，一抬頭，滿眼都是城堡。越接近某事物，越容易看不到並忽略周遭的事物。守護領土或守護自己的信念也是一樣，都必須做好被孤立的心理準備。這樣的觀念或許有助於理解路德維希二世建城的盲目。

當時流行將軍事要塞改造為城堡。路德維希二世則著手將腦海中浮現的形象體現為令人印象深刻的城堡。從設計圖到購買建築材料，他都親自指揮。他希望將自己想像中的童話世界原封不動地搬進現實。由於他當時沉迷於華格納歌劇，因此新天鵝堡可以說是為了華格納而建的華格納之城。如果沒有路德維希二世毫不計較地贊助，歌劇《唐懷瑟（Tannhäuse）》可能無法問世。他以《唐懷瑟》為原型改造新天鵝堡，城堡內的每個房間概念都取自《唐懷瑟》的主題。

城堡四周只有山，獨自坐落在山裡的城堡就像路德維希二世的心一樣，這裡是與政治、戰爭等城外人建構的複雜世界隔絕的地方，也是能沉浸在藝術音樂世界的絕佳地點。然而，這樣的投入無法得到世人的理解，反而更促進了孤立。

如果路德維希二世沒有成為國王會如何？他被迫坐在不適合自己的位置上，只好藉由沉浸在藝術世界裡來逃避，但是他最終沒能看到完建的城堡。即使如此投入的對象終於在眼前實現，喜悅可能也是暫時的，他也許還會需要其他可以逃避現實的對象。

新天鵝堡之所以在全世界廣為人知，得益於迪士尼公司的創辦人。他來過這座城堡後，被它的美麗所吸引，於是以城堡為原型製作了公司標誌。迪士尼動畫的開頭閃亮登場後消失的城堡圖案就是新天鵝堡。新天鵝堡在成為迪士尼公司的象徵後，遊客的關注度也隨之上升。

路德維希二世帶著「瘋子國王」的罵名結束了生命。雖然他的死充滿謎團，但我們還是湧向他投入熱情留下的最後一座美麗遺產參觀。因迷戀建築導致王國破產的他被當時的人批評使人民痛苦。然而，隨著時間流逝，他的瘋狂行為卻因藝術名聲而永垂不朽。造成路德維希二世死去，且讓那個時代的人費解的迷戀現在被定義為藝術。

瘋狂和藝術的界線為何？瘋狂和藝術的命運有時是一樣的，有時則會走向完全不同的道路。一個被當代人視為麻煩的瘋狂行為卻在另一個時代受到讚揚。因為時代不同，人們對此的稱呼也隨之改變，甚至成為迪士尼的標誌。靠沉迷興趣逃避現實的國王路德維希二世因為這樣的沉迷而死，卻成了為世界留下不朽遺產的國王。

瘋狂沉迷興趣會讓人把收入揮霍殆盡，但是也許會為後世帶來巨大的喜悅。願所有投入興趣者都能得到恩寵。

對今生不滿的時候

# 里斯本的「內心旅行家」，佩索亞

俗話說法國人是為了度假而活。他們會為了度假而工作，並且一到度假季節就會離開城市。我曾經被法國人附身，總在花了一年的時間和勞動力，拿到報酬後就上飛機，興奮地前往使用不同語言的國家。回到家後，我會再次搜尋機票，並準備前往其他國家。我忙著在腦中排著度假行程，心思都放在筆記型電腦螢幕中的異國風景上。

即使不斷旅行，我心中仍有難解的渴望，但是我無視這樣的渴望，欺騙自己只是想旅行想瘋了。直到我開始書寫，我才領悟我其實是想逃避自己不滿意的生活，更精確地說，是想從日常的規律中逃離。我刪除自己所在的風景，跑向其他風景，雖然只是暫時的，但是旅行時的我可以變成另一個人，並能藉此忘記不滿意的自己。我偶爾會在出入境申報單職業欄位上寫上「創作歌手」。過境時我的心臟總是怦怦直跳，成為職業歌手光是想像就讓人開心，但是我怕謊言被揭穿。

這種騙術就像一劑隨著時間流逝藥效消失的止痛藥。回到家，藥效就會下降，甚至讓人更不舒服。我還是我，沒有出現讓我更滿意的「自我形象」。如果有的話，我應該就不會逃跑，而是會為了實現這個自我形象而堅定地站在現實中。沒有人教我該如何接受不滿意的自己，因此我總用自己知道的唯一方法來排解，旅行對我來說是最後的堡壘。去一個語言不通的城市，搭火車、公車，用陌生的貨幣算餐費、咖啡錢，感覺就像自己做了一件了不起的事。然而，我只是做了非常日常的瑣事而已，也許是因為每天反覆做的事情也需要不同的眼光欣賞，所以我才經常去其他國家。

但是回到家後，「另一個我」就像海市蜃樓一樣消失了。在出入境申報單上寫的謊言就像小時候寫下的未來夢想一樣無力。

如果你也因為不滿意自己的日常生活而逃跑，但是卻只感到空虛的話，讓我們一起試試以《惶然錄》廣為人知的佩索亞旅行的方式如何？

我稱佩索亞為「內心旅行家」兼「自我旅行家」。他跟隨再婚的母親前往南非，並在那裡讀完高中，十八歲又獨自返回里斯本。此後，佩索亞很少離開里斯本，他一直住在里斯本直到去世。他的身體沒有離開里斯本，但是他經常踏上非常特別的旅程。他是用「異名」來旅行。

部分作家或藝術家們不是用本名，而是用藝名或筆名進行作品相關活動。但是佩索亞使用的異名與藝名和筆名不同。筆名和化名只是名字不同而已，卻是同一個人。佩索亞使用的八十多個「異名」並不是單純取名，而是賦予每個名字不同的自我認同感。就像真實存在的人一樣，佩索亞從出生那天開始，「創造」每個異名的出身、外貌、性格和世界觀等後命名。如此創作後，出生自佩索亞手中的人物們不再是佩索亞，這些人物們用自己的風格寫作，甚至互相討論一個主題或作品。他們用葡萄牙語、英語、法語等多種語言和風格寫詩、小說、評論和日記等。佩索亞對多個領域很感興趣，甚至創造出在占星學上造詣很高的人物拉斐爾・巴爾達亞（Raphael Baldaya）。

每個人都有很多面向，並且有主要使用的面孔。雖然我無法確切了解佩索亞使用異名的原因，但他應該是在傾聽自己內心的各種聲音後，將內心的對話分享出來吧？異名者們雖然都是虛構的人物，但也是佩索亞的一部分，他們生活在各自的世界裡，佩索亞則經常去他們生活的世界旅行：

「若我想像，就能看見。我旅行時還做過什麼？只有想像力極端貧乏，才需要靠旅行去感知。」1

這席話彷彿是在說：像我這樣，非得飛往其他城市，才能感受到自己存在的人，其實只是個輕如羽毛的存在。即便如此，我也不得不點頭贊成他的話。比起用我的雙腳親自走在里斯本街頭，透過佩索亞的《惶然錄》更能了解里斯本。我雖然去過里斯本，但是讀完《惶然錄》後，卻無法說自己「去過里斯本」。我經過巴西人咖啡館（Café A Brasileira）時，還忽略了佩索亞的銅像。看到安放在熱羅尼莫斯修道院地下的他的屍體後，還毫無感覺地加入購買蛋塔的隊伍中。我甚至在國立磁磚博物館拍攝了他畫在磁磚上的肖像畫，但我當時並不認識他。在認識了佩索亞後，我才揮去里斯本只有蛋塔的認知。透過佩索亞，我終於真正看見里斯本。我成了不曾去過里斯本的人，而里斯本則成為我想去的城市。

佩索亞在自己的房間或辦公室裡前往這些異名者們生活的世界旅行，並與這些異名者對話。他是自己生活的全知全能創造者、觀察者和內心旅行高手。想去另一個世界旅行，只要有自己的心就行了。寫《惶然錄》的異名者是索亞雷斯，他白天生活在會計帳本的數字世界裡，但他常常藉由俯瞰辦公室窗外的一條街道走出日常。貝爾納多・索亞雷斯這樣嘲笑為了得到解放的出走：

「旅行能帶來自由感？我可以從里斯本往本菲卡獲得自由感，而這種自由感甚至要多過人們從里斯本去中國。因為如果心中沒有自由感，無論去何處都沒有用。」[2]

1 費爾南多・佩索亞著，《惶然錄》

2 費爾南多・佩索亞著，《惶然錄》

如果你也因為像羽毛一樣輕的存在感，以及旅行後的空虛而痛苦，那麼借用佩索亞旅行的方式如何？你是不是也因為不喜歡在目前所處的世界中空轉的自己，所以總是想著離開呢？佩索亞建議，不要一覺得空虛就想離開，而是去自己的內心旅行。他能在注視辦公室門口一家菸草店發生的事情時，想像前面穿著西裝走路的人肩膀上浮現出「動物的天真」。只要看著飄走的雲彩，他就能想像自己乘著雲離開並歸來。對搭乘身體這一台火車，在街頭和廣場上用人們的臉旅行的佩索亞來說，存在本身就是旅行。艾倫．狄波頓（Alain de Botton）指出，「異國」一詞是指我們生活中缺少的某種東西。那麼，如果把目光轉向尋找內心的異國風情，是不是就不用離開很遠了呢？

學習按照里斯本內心旅行家佩索亞以想像的方式旅行。我的耳邊響起他所說的「生活是一場穿越物質的心智旅行，既然是我們的心智在旅行，那就是我們所生活的地方。」[3]

3費爾南多·佩索亞著，《惶然錄》

想要在日復一日的日常生活中尋找意義的時候

# 安靜的鬥士，梵谷

「能否成功，取決於我如何工作。只要能像現在這樣繼續工作，我就能默默地堅持戰鬥下去。這是隔著小小的窗戶望向寧靜自然的風景，用信念和愛描繪的戰鬥。」[1]

梵谷的這段話我讀了又讀，對於身為「日常創作者」的我來說，梵谷一生展開的「安靜戰鬥」是堅實的後盾。創作原理不僅是在梵谷生活的時代，在AI時代也相同。當我們做著自己熱愛的工作並堅持不懈時，真實是隱藏不住的。

真實是一種看似事實的精神。我們早上起床、洗臉、上班、工作，下班回家看Netflix後睡覺。你我都過著這樣的一天，這些行程雖然是事實，但是這些實際發生的小事件並不真實。

1 文森．梵谷著，《梵谷書信集》

歸根究柢，真實看似是事實，卻是「似是而非的虛構」。梵谷將在日常生活中無處不在的事物或現象，用細膩的視線捕捉並改編後展現出來。以梵谷的說法就是「達到事物的核心」。

「畫家的義務是埋首於自然，用盡全力把自己的感情投入到作品中。這樣才能完成他人也能理解的畫面。」[2]

要想達到事物或現象的核心，需要付出時間辛勤工作。真實就是像這樣來自於不管別人看得到還是看不到，都在自己的位置上默默地戰鬥。只要傾注全部力量，總有一天這股力量能達到核心，唯有經過不被任何人認可的艱苦奮鬥和等待，真實才會發光。

梵谷從一八八九年五月開始在普羅旺斯聖雷米的聖保羅精神病院住院一年，現在這裡是梵谷博物館，也是梵谷在巴黎近郊瓦茲河畔歐韋（Auvers-sur-Oise）度過最後日子之前停留過的地方，這是一個在孤立和孤獨之間穿梭，為了不屈服於孤立的殘酷而堅持下來的地方。充滿歲月的建築和庭院處處透著梵谷的痕跡。石壁被南法夏天的烈日灼燒，又被風雨洗淨，在歷經冬天的寒氣後向外迸裂。在大樹形成的樹蔭下，孤零零地放著磨損的石凳。

樓閣再現了梵谷住過的房間。梵谷一生與物質上的富饒和安樂相去甚遠。無論住在哪個城市，他的住處都只有一張床、一個小桌子和一把椅子。梵谷寫給弟弟西奧的信中，每封都少不了的話題是「錢、愛、畫」，因為他貧窮到連買顏料都吃力，所以經常擔心錢的問題。他並非對財富有盲目的貪慾，而是連最起碼的維持生計也沒能實現。然而，貧窮並未阻止他對繪畫的熱情。越是沒人願意買他的畫，他越不想失去身為畫家的認同感，所以拚命畫畫。他連一天也不休息，這是他人生非凡的原因。即使沒人買

2 文森．梵谷著，《梵谷書信集》

畫，他仍是一位畫家，也是自己人生的主人。我經常從梵谷作品的生動色彩和有力的筆觸中讀出堅定的意志。

二十一世紀的我們只要有梵谷的展覽就會去看。他的畫超越美並且具有強烈的感覺。畫作散發出的強烈美麗使人著迷，進而感到安慰。它的根在哪裡？難道不就是融入了自己創造認同感，並支撐日常工作的人生嗎？對他來說，繪畫就是生活本身，所以不可能放棄繪畫，因為那等於放棄生活。梵谷的畫中透著領先時代的才能，以及獨自默默度過日常工作的時光。每天創作並管理無人知曉日常生活的我們也度過了和他相似的時光。

「人是社會動物」這句話蘊含的意思是，我們是在他人認同的支撐下成長的。當沒有人關心自己所做的工作時，我們的心難免會動搖，並懷疑自己是不是走錯了，是否該拋棄現在的路，改走別條。相反地，即使只有一個人注意到我們所做的事，我們也會感到興奮。例如，準備餐飯比任何工作都要神聖，但卻因為很少有人表示關心，所以很難感到開心。備餐的人需要家人的關心和認可，但卻因為是家人，而且是每天吃的飯，所以容易被忽視。然而，若是廚師的話，即使是用雞蛋和高麗菜等常見食材製作餐點，人們也會感興趣。用同樣的食材做料理，為什麼人們的反應會有所不同呢？因為做的人是進入公領域工作的廚師。梵谷是一個深刻體會到這種差異的人。雖然他比任何人都努力鑽研繪畫，但是卻沒有人認可他為創作者。儘管如此，每當他陷入懷疑時，他都會藉由更執著於工作本身賦予自己繼續戰鬥的動機。從他隱藏在美麗作品背後的態度中，我們看到了悲傷，也得到了安慰。

我們都是日常創作者，創作者無法完全擺脫他人的視線。「看起來很奇怪怎麼辦？」如果這樣審查自己時沒有得到多數人的認同，我們的自信會瓦解，這樣一來，日常生活也可能會隨之動盪。我們認為重要的事將因此看起來微不足道，連維持生計的必要勞動也找不到意義。日常生活是一場孤獨的戰鬥，因為即使沒人關注，我們也要活下去，並在反覆的日常事務中自行創造意義。

梵谷經常獨自站在戰場上，也像我們一樣常常感到不知所措。我在畫布上看到他內心掙扎的痕跡。一個世紀過去了，我仍聽到他在厚重顏料上蠢蠢欲動的聲音，彷彿顏料前幾天才剛塗上去一樣。我從生動的質感和活靈活現的筆觸中看到了不屈的信念。即使再孤獨也從不改變自己認為正確的工作方式，這讓他親眼目睹了大自然的驚嘆和驚奇。

梵谷的作品是他生命的總和。十年後，《我》這部作品將是我生活的總和。堅持或許是比創造力更大的天賦，但今生能否堅持在一件事上，並投入時間和熱情？生活的每個瞬間都會發生各種事，因此我們都在持續選擇和投入。每當遇到障礙時，我總會看到能力的侷限，即使這是令我不舒服的真相，我仍會繼續奮鬥下去。

每當這時，我就會從梵谷寫給西奧的信中尋找希望：

「春天吃草莓雖然也是人生的一部分，但是那只是一年中很短的時間，現在要走的路還很長。[3]」

不論是春風吹拂在臉頰上的季節，或樹葉被風吹落翻滾的季節，都可能有不速之客來訪。這些不速之客雖然是人生的一部分，但也只是剎那。

正如梵谷所說，我們要做的是每天不停地過日常生活，不懈怠地工作，而非創作傑作。因為創作日常的人就是我們自己，而傑作是在壓制懷疑，並逐一累積日常時隨之創作而出的。

3文森．梵谷著，《梵谷書信集》

只有消費才能活下去的時候

# 被物質困住的安迪·沃荷

IG是浪費時間的玩意。廣告穿插在其中，好似我本來就想看似地等著我。點擊投放的廣告，就會瞬間移動到購物中心，不知不覺中被吸引觀看華麗的商品圖片。折扣季即將結束的字句閃爍著，如果折扣率高，我的心也會隨之動搖。「居然意外地便宜！」即使現在不需要，我也常常把商品放進購物車，並按下結帳。有時在按結帳之前我會恢復理智，這時我會再考慮一天，先將商品放在下次購買清單中。不知不覺間，清單中堆滿了不知何時會再次點擊的商品。回過神來一看，已經過了三十到四十分鐘。把我的時間還給我！

一旦發現自己白白浪費了時間，我會趕緊關上視窗，裝作沒事，但是在演算法的世界裡，一鍵點擊就是打開進入地獄之門的鑰匙。演算法持續推播著商品，我則無限反覆點擊。在使用既是手中怪物又是樂園的智慧型手機時，我無法避免廣告的連擊。在消費社會中，勝者是具有無人能及購買能力的人。每天在閃閃發光的消費品洪流中，勝者們燦爛的微笑讓處在購買力金字塔底端的人感到屈辱。一不小心就讓我對自己的出身感到不滿，好似世上除了我，大家都住在金字塔的上端。

即使無法得到安慰，我也會想起斯洛伐克出身的哲學家齊克果所說的話。他說資本主義的替代方案是生態主義。換句話說，環保生活就是少消費的生活。沒有人不知道除了必要的消費品之外，把不需要的商品當作無用的石頭來看對我們和環境都是有益的。我們的大腦理解，但是心理卻無法接受。俗話說，世界上最遠的路就是從大腦到心靈的路。如果你也因為經濟狀況無法馬上按下結帳按鈕而感到難過，就讓我們一起走進普普藝術巨匠安迪．沃荷的生活吧！安迪．沃荷擁有無限的購買力，也盡情地發揮，但是他死後才傳出的事實讓我們大吃一驚。

安迪．沃荷是派對達人，他組成團隊在以「工廠」聞名的工作室工作，還成群結隊到處開派對。他的作品之所以取得成功，得益於大量生產體制。這種體制是指大量生產現代生活必需品等商品，使每個人都能在日常生活中享受相似的生活品質。汽車和成衣就是代表性的例子。沃荷生活的時代是大量生產起步的時期，在大量生產之前，特權階級用與眾不同的布料和裁縫製作並穿上客製的衣服。然而，隨著大量生產體制的引入，工廠大量生產出均質的衣服，使囊中羞澀的勞工階級也可以穿著有一定品質的衣服。

隨著這種大量生產時代的到來，沃荷的作品在商業上取得了巨大成功。工廠生產的罐頭湯、用絹版印刷大量複製名人的照片等，使他的購買力直線上升。當他向雜誌社出售所繪的皮鞋時，他會細數這些皮鞋的數量，以衡量他的收入，皮鞋就是錢。沃荷藉此擁有了盡情享受購物的能力。他買了又買，並如此訴說購物的心情：「包裝紙和箱子只是裝飾垃圾，我把東西買回家後，就隨地放著，不會再拿起來。」[1]

據說，他不僅購物成癮，還患有「囤積症」。

二零一三年九月，沃荷的「時光膠囊」亮相時，共有五百六十九個瓦

1 Kalb, Claudia，《Andy Warhol Was a Hoarder》

楞紙箱、四十個文件櫃，以及一個裝著沃荷收藏品的大行李箱。他的收藏癖死後成了紀念品。他將空牙刷盒、協和號客機上偷來的銀製餐具、照片、餐廳帳單、康寶湯罐頭、舊內衣等各種雜物隨意收集起來。甚至還有處方、聖誕卡片、問卷、某演員實習生的信、一九六八年向沃荷開槍的女演員瓦萊麗・索拉納斯相關的新聞剪報、挽救沃荷生命的外科醫師寄來超過支付期限的三千美元帳單、一大把支票影本。他家被雜物堆滿，幾乎看不到任何空位，甚至到了連在家裡走路都很困難的地步。

他的購物衝動是無差別的，從保羅・克利（Paul Klee）的高價畫到不知道有什麼用處的小東西。他最喜歡的賣場之一是曼哈頓一家老牌廉價雜貨店。他在可說是大創的店裡買了一個三十美分的購物袋，胡亂掃貨，買到購物袋都快破了。去大創拿一個巨大的購物袋，把看到的東西都裝進去，光想像就覺得自己是鉅富。擁有的物品一旦越過了某條線，是否需要那些物品就不再重要。

他被購物時湧出的多巴胺俘虜。沒有人確切知道沃荷的想法，但他的心中可能有一個巨大的洞。沃荷在一九六零年代曾帶領至少六名「隨行團」前往媒體派對現場，但他卻稱自己為「孤獨的人」。因為他想要合得來的人，所以四處尋找莫逆之交，卻沒找到。[2]

他的購物衝動可以追溯到童年時期。小安迪・沃荷經常生病，無法和其他孩子相處，所以一直把漫畫書和刊登名人故事的雜誌或畫當作朋友。他的母親是清潔工，在家沒事時會用罐頭罐、花圈或餐巾紙製作手工藝品。他的父親是建築工人，經常不在家。在大蕭條時代，貧困的安迪和當紅藝人在藝術世界裡玩耍，就像我們追星一樣，他也經常剪下好萊塢明星的照片製作剪貼簿。無論是朋友還是物質，沃荷都與富足相距甚遠，因此長大成人後對物品也沒有興趣，而是喜歡購物。買東西這個行為本身對他來說就是一個很大的驚喜。

2 安迪・沃荷著，《安迪・沃荷的普普人生》

有一則故事貼切地說明了這一點。他在飯店住宿時，只要在浴室或房間遇到清潔工就會感到尷尬。熟悉高檔飯店，家裡有請清潔工的人，自然知道如何面對清潔工。意思就是，出入杜拜七星級飯店的人理應習慣七星級飯店的室內設備和服務，但是只熟悉Airbnb的人可能不知該如何開超豪華飯店浴室的水龍頭。安迪・沃荷成長的環境給他帶來的影響就如同上述，他小時候不是夢想擁有配有清潔工的房子，而是希望盡情擁有糖果。這樣的孩子長大賺錢後會如何？他會把擁有糖果的幻想變成現實。他買糖果買過頭了，甚至有個房間被裝滿糖果的購物袋填滿。

因為沃荷小時候是孤身一人玩的，所以對人的匱乏也是如此。在經營工廠的過程中，他被人圍繞著，但是他沒從任何人身上感受到親切。當他第一次擁有電視後，他停止與別人建立親密的關係。之後他買了錄音設備，將其稱為「妻子」，不論去哪都帶著，還錄製了數千小時的對話。沃荷就是那個時代的「新人類」。就像生於智慧型手機的一代只要有智慧型手機，即使身邊沒有人，也能感受到自己與全世界連結的感覺一樣，沃荷只要有電視和錄音機，他就不再覺得自己是孤家寡人。

他之所以成為次文化、流行藝術之王，也許不是有意為之，而是在大量生產時代，他的購物衝動和工作方式恰逢其時的結果。一百名瑪麗蓮夢露、兩百一十個可口可樂瓶、十四個描述因交通意外而損壞的橘色汽車圖片等。他似乎將自己的購物衝動原封不動地搬到作品中。他的飢渴使他不撕開包裝紙也要繼續購物。

透過安迪・沃荷我們可以知道，過度的富足與匱乏是同義詞。他在日記中寫道：「我對自己的生活方式和這些垃圾，以及總是把東西拖回家的行為感到厭倦。我想要的只有白色的牆壁和乾淨的地面，只有這些。」[3]

聽到安迪・沃荷的話，我認為適當的缺乏也許比過度富裕更有價值。把放在購物車裡的商品放進下次購買清單，並在第二天刪除，這種自制力

3 Kalb, Claudia，《Andy Warhol Was a Hoarder》

不正是智慧生活所需要的品德嗎？正如他所說，與其為了得到不必要的東西而成為奴隸，並且花費太多精力，不如享受不足。

「活著就是總在你不願意做的事情上花費太多精力。這就是我的想法。就像出生就被綁架，並賣為奴隸一樣。人們不斷工作，機器隨時都在運轉，即使在你睡覺的時候。」[4]

4 安迪・沃荷著，《安迪・沃荷的普普人生》

日常的限制頻頻橫越在我面前的時候

# 像零售業者般的電影導演，安妮・華達

我工作時認識了一些三十多歲的上班族，他們在企劃、影片拍攝PD、教育項目策劃人等專業領域工作。然而，只要稍微交談一下，就會發現他們全部都是在公司上班的上班族。上班族無論做什麼工作都通稱為「上班族」。

在進入公司之前，每個人都希望做自己喜歡的工作，並受到關注，同時期待進一步積累成該領域的專家。公司會選用一些耐得住討厭的工作，並具有潛力和誠信的有用人才，但是新人們往往都是在進到公司後才認清現實。

例如，媒體的攝影記者雖然是專業領域，但進入公司的前五年領的卻是新人的待遇。進入公司之前，他們想像著能在公司拍著別人拍不出且充滿個性的照片，但現實是必須拍公司想要的照片，並且必須累積這些業務的經驗才會被認可具備相關工作經歷。有些新人也許會覺得在發掘個人擁有的經驗內容，並連結人與人的公司擔任PM能企劃和製作內容，很有趣也很有意義。但是現實是可能每天都必須在長途通勤的地鐵中人擠人，而且項目企劃往往也是短暫的，大部分時間都花在向參與者傳達介紹事項上，再加上各種非必要的文件製作等，一天往往就這樣過去了。如果把一天的時間畫成圓餅圖，那麼在企劃主要業務項目上花費的時間往往只有一小塊。這甚至不是在辦公室，而是在下班後或週末進行。他們在享受企劃內容的工作，並拿出成果前，就已經因為各種與企劃無關的業務而陷入職業倦怠。

不論職業，悲劇的起點都差不多，那就是原本認為可以做著喜歡的工作來維生，但是進入公司後才發現喜歡的工作只占業務的一小部分，必須做許多不想做的業務。SNS上的大家都能經常去旅行和吃美食，好像只有自己過著每天做不起眼的工作，筋疲力盡回家的生活。

在上班族之中，是否有人能「優雅地」完成需要專業的正職工作呢？公司的負責人做得到嗎？出版社負責人製作並販售書籍來經營出版社。他們是因為喜歡書，所以開始製作書，但是要想賣書，就必須將大部分的時間投入在行銷，以及計算銷售和損益平衡點等數字工作上。這樣一來，被數字填滿的大腦不再有餘裕閱讀喜愛的書。他們雖然喜歡閱讀，但是卻因為這份工作而陷入沒有時間讀書的困境。像我這樣的自由業者也是一樣，寫一本書需要閱讀數十本書，為了確認是否有遺漏的資料，還需要上網搜尋。你說寫書不就是寫字而已嗎？那怎麼可能！藝術家也像我們一樣被關在日常工作的監獄中。如果說藝術家與我有什麼不同，那就是他們是為了做自己喜歡的事而不停向前邁進的人。用法國電影導演安妮．華達的話來說，藝術家就是不失去勇氣並戰勝日常的人。

執導《艾格尼絲海灘》、《最酷的旅伴》等影片的導演安妮．華達進入電影界後，一生製作電影的過程與「藝術家」的旅程相去甚遠。反而與我們在工作中遇到侷限時苦惱的樣子相似，因此吸引了我的注意。

華達學過攝影，曾以攝影家的身分活動。年輕時因為沒錢，她與幾名好友住在一起，托他們的福，華達得以召集認識的朋友組成了攝影小組。她前往一個名叫賽特的小漁村拍攝第一部電影《短角情事》(la pointe courte)。她在賽特停留期間，用影像表達腦中浮現的想法，但被評價為主題模糊。另外，當時若想在法國成為電影導演，需要經過五個學徒階段，但華達並未遵循該系統，而這被認為對她被認可為電影導演產生了一定的影響。

她拍電影，卻不知如何靠拍電影謀生，而謀生是所有人都無法迴避的人生課題，為了維持生計，她回到了攝影。後來，法國觀光廳看到了她在《短角情事》中漂亮地記錄了漁村，於是委託她製作宣傳法國城市的影片。華達對此這麼認為：「是啊，這是賺錢的另一種方式，也許以後我還能藉此做其他電影。」[1]

我們也會在想要的工作上被拒絕，如果被不想要的公司通知錄取，心裡難免會猶豫。「先進去學習，再想辦法跳槽到想進的公司。」許多人抱持這種心態開始在非理想的公司工作。唯有在起步時懷著雖然渺小，但終究會宏大的夢想，我們才能活下去。創意性的工作很難只靠想成為藝術家的熱情來支撐，華達也是在開始製作宣傳城市的影片後，才在電影界安頓下來。

世界上沒有不受限的工作，但是電影製作受到的束縛尤其多。一位獨立電影導演在轉向自傳性紀錄片時表示：「導演很難控制整個拍片現場。製作電影本身很美好，但是導演必須處理在片場遇到的所有情況。和演員與工作人員合作，制定製作預算等，都需要導演介入。」也就是說，唯有接受完成一部電影前的無數限制，才能以電影導演的身分生活。

華達也不例外，最重要的是，如果想製作電影，就必須得到製作費投資，但每次吸引投資都很困難。更何況，她還經歷過職場媽媽的時期。由於懷孕時身體的轉變，她很難在野外拍攝。這時華達以完全不同的角度看待自己的情況。「如果出不了遠門，就在家附近拍電影如何？」她在家附近的市場巷弄放了一張椅子，站在椅子上，用相機記錄大腹便便時看到的世界。她拍攝自己居住的社區、路過的路人和商人。因為懷孕導致野外拍

---

1 Kline, T. Jefferson，《Agnès Varda》

攝困難的時候，她反而想到利用自己的處境。

職場媽媽們的共同難題是育兒不僅讓身體虛弱，還會使人意志變弱。華達導演也無法避免這一點。她以母親的身分活得喘不過氣，於是想到將這個束縛帶入電影製作中。即使得到製作費投資組成了製作團隊，依然會受到各種限制。在製作預算內按照規定的時間完成拍攝是基本的，如果投資者要求刪除傾注心血拍攝的場面，也必須遵從。這和為了照顧孩子而無法出門的限制大同小異。

華達將家裡八十公尺的電纜線像「臍帶」一樣綁在自己身上。她拍攝在八十公尺半徑內可以看到的風景，就像孩子在媽媽的肚子裡移動一樣。以這種拍攝方式完成的電影就是《懷孕女子的異想世界》，在半徑規定的戶外空間拍攝電影的創意本身就成為了話題。

華達不屈服於日常的限制，反而將這些限制帶到電影製作上。即使她持續製作電影，但是未經過學徒過程，因此被稱為「導演」是在進入電影界十三年後。她完成的電影雖然引起人們的興趣和關注，但是在電影製作前的拍攝說明過程中，她每次都很難得到投資。於是，華達最終親自捲起袖子，成為製作人。華達稱此狀態為「事實上失業」，雖然她製作了近十二年的電影，也是拍攝現場工作人員的雇主，但自己卻沒拿過薪水。

我最近認識的某出版社負責人表示：「在經營出版社的過程中，員工們的月薪我會按時發放，但我一次也沒拿過薪水。」他單獨開設薪資存摺，將自己的薪資轉入，但幾個月後又重新轉到公司的存摺中，存了幾個月的薪資都用來製作書了。無論是電影導演、上班族、小公司負責人還是自由業者，都只想做自己喜歡的事，但在現實的限制面前，大家都很難自由。每當陷入不喜歡的業務壓倒主要業務的困境時，華達導演是如何堅持下去的呢？

「我喜歡沒有站穩腳步的感覺，無論是在地理上、經濟上還是社會上。[2]」

華達導演一生都是邊緣人。她表示，以知識份子來說，她不夠聰明，但作為傻瓜，她又太聰明。她回憶道，對女權主義者來說，她不算女權主義者，但是對其他人來說，她卻是女權主義者。華達還說過，擺脫現有方式前進的力量不是靈感，而是勇氣。她將電影製作比作生活，並認為電影製作是「正在進行中的人生作品」。當你遇到瓶頸時，就將自己的人生當作未完成的作品，借用華達向完成作品前進的觀點如何？

她當了一輩子的電影導演，但是卻從票房和聲譽後退一步，根據自己的處境做不同的嘗試。她會在日暮時分，獨自一人行走，感受孤獨，並在獨自四處走動時觀察人事物。這是她獨有且不需任何花費的思考方式。她從攝影到電影，再從電影到裝置藝術，直到老年都不斷開闢疆域。

轉動日常之輪，全力生存，改變現狀，開創新秩序，這被視為一種奢侈。我們往往沒有那麼多時間、精力和勇氣擺脫熟悉的事物，只是反覆做著符合日常生活的動作，並在既定的框架下思考。即便如此，沒有人過著虛假的生活，我們都真實地生活著，即便心中充滿不滿和憂鬱，那也是真正的人生。因此，不要將不滿和輕微的憂鬱看作是消極的，何不思考該如何才能與消極的情緒積極共處呢？如同導演安妮．華達將限制積極帶入工作中，並藉此完成工作一樣。請不要忘記，新的秩序和創意始終來自限制。

2 Kline, T. Jefferson，《Agnès Varda》

想要找回被多巴胺偷走的專注力時

# 賭徒杜斯妥也夫斯基

某天，我的左手臂痛得像被針扎一樣，伸直手臂後，手臂下方像激烈運動後一樣算痠痠痛痛的。「等等，我什麼時候做了手臂運動？」我回想做手臂運動的記憶，但是怎麼想都想不起來，於是我懷疑起某件事。

我即使躺在床上也放不下智慧型手機，把手機當心愛的玩偶一樣把玩著，就算我從手機中看到的都是沒什麼用處的雜物。谷歌細心地保管我感興趣的事物，只要登錄社群媒體，就會堅持不懈地跟著我，我無法拒絕演算法親切地指引，所以跟著走。藉由演算法，我不只了解跟我無關，我也沒理由知道的陌生人喜好，甚至還能知曉陌生人的日常動線。雖然我想停止不斷用手指滑手機畫面的行為，但是我的手指卻始終停不下來。

去醫院尋找如同不速之客肌肉痛的原因之前，我遠離了手機幾天。我的推測是正確的，手臂的疼痛減輕了。智慧型手機不僅偷走我的專注力和視力，還會帶來不受人歡迎的肌肉痠痛。一想到我甚至因為手機浪費了最重要的時間，就讓人羞愧地想鑽到地下。每當這時，我都會埋怨自己薄弱的意志力。如果把滑手機的時間用來打掃的話，家裡就會變很清爽。若拿來運動，就能累積肌肉，如果看電影，則會成為心靈的養分。但是滑手機的我只剩下空虛的手中地獄。

「有注意力沒被偷走的現代人嗎？」我不免產生這個疑問。那麼，在沒有智慧型手機的遙遠過去，注意力是個人可以完全控制的嗎？即使不是智慧型手機，也總是有會偷走人類注意力的妖物吧！

如果追溯到杜斯妥也夫斯基生活的時代，賭輪盤就扮演與智慧型手機相同的角色。輪盤誕生於十六世紀，賭輪盤經常出現在電影或電視劇的賭博場景中。大輪盤上劃分寫有三十六個號碼的格子，荷官放入像骰子一樣的珠子，並轉動輪盤。輪盤快速轉動後慢慢停止。在荷官轉動輪盤前，賭徒們會猜測珠子將停在哪個數字然後下注。輪盤停止後，猜對數字的人將那盤下注的錢都拿走。規則雖然簡單，但是卻曾經像智慧型手機一樣席捲世界。

輪盤賭博剛出現時，是歐洲上流社會社交活動的潤滑劑。大家坐在圓桌前，在輪盤轉動期間對話，賭贏的人也會請客。就像我們在智慧型手機上藉由社群媒體中的標籤擁有與連結全世界的陌生人連結的感覺一樣。輪盤在過去也像智慧型手機一樣受到歡迎，並在十九世紀初席捲全球。許多人都被輪盤迷住了，輪盤原本作為正面娛樂的功能減退，變成了人們獲取多巴胺的賭博。後來很多國家甚至立法禁止了轉盤。杜斯妥也夫斯基、孟克等多位藝術家都曾是賭輪盤的成癮者。本想只在休假日或下班後躺著用一下手機，但是一用卻過了幾個小時，並因此陷入失望和自責中，如果你也有這樣的感受，就讓我們走進杜斯妥也夫斯基的生活吧！

在首爾大學推薦圖書及青少年必讀書目錄中不可缺少的作家是杜斯妥也夫斯基。許多人即使沒讀過也聽過小說《罪與罰》。杜斯妥也夫斯基就是這部小說的作者。他是重度賭輪盤成癮者，雖然沒人知道他成癮的契機，但我想也許是為了暫時讓腦袋從壓力中解放而陷入其中。

杜斯妥也夫斯基是必須撐起大家庭的家長，所以不幸的事常常一窩蜂向他湧來。他與第一任妻子訣別，由哥哥經營，並由他擔任主編的雜誌《時代》也破產了，他因此背上了債務。為了馬上還清三千盧布的債務，他四處籌錢，但是沒有用。這時，一位不道德的出版商出現了，他畫了「大餅」，還提出了荒唐的合約條件。杜斯妥也夫斯基因為走投無路，所以簽署了不平等合約。出版商將自己發行的票據低價賣給兩名熟人，購買票據的兩人開始催促杜斯妥也夫斯基還債。由於處境如此混亂，杜斯妥也夫斯基的專注力因此消失，所以在截稿日期鄰近前因為寫不出稿而陷入絕望。此時，他遇到了改變他命運的女人安娜・格雷戈里耶夫娜。那年代的女性很難找到工作，當時二十歲的安娜在學習成為一名速記員的過程中遇到了杜斯妥也夫斯基，並邁出作為速記員的第一步。為了遵守迫在眉睫的截稿日，兩人每天一起工作。杜斯妥也夫斯基口述小說時，安娜會速記記下內容，並於第二天整理成稿子。杜斯妥也夫斯基在安娜的幫助下，僅用二十六天就完成了小說《賭徒》。兩人為了《賭徒》近一個月每天工作幾小時，所以萌發了愛情。他們克服了足足二十五歲的年齡差距結婚。那個時代四十歲就被視為老人，杜斯妥也夫斯基結婚時卻已經四十五歲了！安娜從那時起一直陪伴在杜斯妥也夫斯基身邊，從物質和精神兩方面支持寫作活動。

對兩人來說，甜蜜的新婚卻像是另一個世界的故事。在大家庭文化中，親戚們每天都拜訪新婚夫婦的家，甚至讓杜斯妥也夫斯基難以寫稿。另外，他一收到稿費，就必須花在這些親戚身上。為了替這樣的生活畫上休止符，安娜和杜斯妥也夫斯基離開俄羅斯，在德國等歐洲多個城市生活了四年。

住在國外，使他們的經濟更加窘迫，沒有一天能擺脫金錢的困擾。安娜為了籌措生活費，賣掉了能賣的東西，很快就連可以賣的東西都沒有了。但是安娜回憶道，那段日子是最幸福的時光。夫妻倆的主要收入來源是杜斯妥也夫斯基的稿費。雖然只靠先生寫稿子擺脫不了貧窮，但還是能維持生計，前提是手稿總是寫得很順，但是世界上沒有任何作家能每次都順利寫出稿子，杜斯妥也夫斯基也不例外！每當寫稿不順時，他就會失去維持生活的最低限度活力。

在德國德勒斯登生活三週後，杜斯妥也夫斯基向安娜表明他一直想賭輪盤，安娜出乎意料地表示他可以去一趟漢堡的輪盤賭場。杜斯妥也夫斯基起初對此提議猶豫不決，但是在安娜的支持下，他奔赴漢堡，就像被媽媽允許去網咖的十幾歲少年一樣興奮。

然而，所有賭博的結果都是一樣，沒有賭贏這回事。安娜在杜斯妥也夫斯基離開幾天後收到一封信，信裡說他花完了所有的錢，要安娜寄錢過去。安娜不但沒有生氣，反而準備了錢寄給他。八天後，杜斯妥也夫斯基終於回家了，但是因為他輸光了所有的錢，所以很沮喪。大著肚子的安娜安慰先生，請他不要心疼錢，也不要自責和失望。

安娜支持杜斯妥也夫斯基只要寫稿不順利，就可以跑去賭輪盤。因為輪錢而窮困潦倒後，他會陷入自責，而這種自責感成為他賣力趕稿的動力。他經常在輸光錢後瘋狂投入寫稿工作來完成小說。越是了解這樣的杜斯妥也夫斯基，越覺得他充滿人味。他坐上情緒的雲霄飛車，爬到頂點後一下墜落，為了再爬上去，他奮力划著日常的槳，反覆在賭輪盤和寫稿工作之間的軌道移動。杜斯妥也夫斯基總會在賭輪盤賭到沒錢再去賭場時，才將熱情轉向寫稿。在賭輪盤上揮霍完所有錢財後執筆的小說有《白癡》和《群魔》。沒人知道杜斯妥也夫斯基是為了寫稿而賭輪盤，還是為了賭輪盤而寫稿。

也許我們在尋找被偷走的注意力這方面，也如同杜斯妥也夫斯基那樣不夠熱情，只會看著被偷走的東西，並因此自責。如果把智慧型手機放在家裡就出門，我就會萬分焦急，陷入手機成癮的我在開心盪完多巴胺鞦韆後，總會感到自責和慚愧。雖然只是暫時的，但是我卻因此湧出要過不同生活的意志。

正如杜斯妥也夫斯基所展示的那樣，讓我們用因多巴胺成癮湧出的自責感作為引擎，進行讓日常工作登上頂峰的訓練如何？運動一小時、做推遲的家事，或看五十頁的書。我想將重點放在杜斯妥也夫斯基不滿失去自制力的自己，所以「激烈地」寫出原稿上。無論是自責還是慚愧，只要將其轉變為引領我們生產方向的引擎即可。

這個時代，沒有智慧型手機的生活和宇宙旅行一樣困難。我們不可能回到智慧型手機出現之前，美國矽谷科技巨頭的開發者們推薦冥想作為和智慧型手機一起生活的方法，並對子女進行蒙特梭利教育。就連寫《人類大歷史》且博學多聞的哈拉瑞（Yuval Noah Harari）也表示應該回到冥想中。冥想是保持創意和專注力的盾牌，但並不是所有人都對冥想感興趣。我冥想時反而會起雜念，並且渾身痠痛。比起冥想，我在清空大腦發呆或散步時，反而能激發新的能量，就像杜斯妥也夫斯基為了找回被偷走的注意力而寫小說一樣。

找回被多巴胺奪走的注意力方法各不相同。對某些人來說，冥想或閱讀是可行的方法，但也有人是像杜斯妥也夫斯基一樣寫小說。因此，我們也來找方法填補被多巴胺偷走的時間如何？也許每個人的方法都很獨特。裝飾日記本、抄寫二十分鐘、做二十分鐘伸展運動等，訂好專注時間後投入某項活動將會是很好的方法。

覺得自己被家人消耗的時候

# 與母親惡言相向的哲學家 叔本華

「我學到的是家庭應該要成為力量，但如果成為負擔，是否該解散家庭呢？」

寫作課的一位學員曾問過我一些意見。她大男子主義的先生和具有女性主義世界觀的女兒每天都在發生衝突，而她必須居中調解。在這過程中，過於為家人著想的她扼殺了自己的聲音，並為了維護家庭的和平傾盡全力。她希望為破爛不堪的不幸生活畫上句點。我沒想到會在上課時意外遇到學生突然坦率的向我揭露私事。這是我很難回答的問題。我當時笑著表示：「這是應該問法輪大師[1]的問題。」

現在回想一下這個問題，也許是因為人們普遍認為家庭應該要成為支持的力量，所以反而感到吃力吧？家人之間真的是喜怒哀樂共同體的關係嗎？家人們在遇到困難並齊心協力對抗之前就已經是一個生活共同體。然

1 韓國曹溪宗的禪師。

而，家人間喜歡的食物和音樂、擠牙膏的習慣，使用浴室後處理排水孔堆積頭髮的方式等都不一樣。

我的缺點說好聽一點是物慾低，但是說難聽一點就是不愛惜東西，所以容易弄丟東西。因為我沒有將物品收在特定的位置，所以常常花很多時間找東西，如果找不到，就毫不留戀地放棄。這樣的我唯一一個有佔有慾的對象就是書。即使肯定不會再讀，我也不會扔掉，而是抱著不放。由於書頁會隨著時間的流逝發黃，並且堆積灰塵，如果不傾注一定心血，就很難保存好。即便如此，我也需要下很大的決心才能捨棄書。

相反地，一起生活的妹妹一年大概只讀一本書，對她來說，書是一堆把家裡弄得亂七八糟的廢紙。妹妹反而認為過時不穿的衣服當初是高價購買的，所以就連買了二十多年的衣服也放在衣櫃裡，她每次都喊著會穿，但是真正有在穿的衣服卻沒幾件。她的衣櫃裝滿了衣服，感覺都要裂開了。因為我們彼此喜歡的東西不同，所以偶爾會爭吵。妹妹曾說：「只要沒有妳的書，家裡就會變乾淨了。」比起妹妹毫無意義的嘮叨，我則經常趁妹妹不在家時偷偷把她不穿的衣服放在舊衣回收箱裡，並獨自露出邪惡的微笑。

連遺傳自同一對父母基因的姊妹也如此不同，這不是我的問題，也不是妹妹有問題。我們只是個性不同，所以珍惜的事物也不同而已。個性、習慣和興趣不同的人生活在同一屋簷下，因為相互不理解，所以提高嗓門吵架的關係就是家人。即使每天面對面坐在餐桌前吃飯，價值觀也不可能一樣，如果不說出自己在想什麼，對方也完全看不出來。然而，並不是所有人都會吐露心聲，和家人相處融洽的人沒有我們想像中那麼多。

自尊累積到如同沖天的巴別塔一樣高的叔本華也因為與母親的不同個性而爭吵不休。他常常忍不住內心深處飆升的怒火，並不時大喊：「媽媽和我不一樣！」

叔本華小時候沒有受過正式教育，而是從小就跟隨父母旅行。這得益於能幹的商人父親的教育哲學。當時，上流階層的父母不會把孩子送到學校，而是聘用家庭教師進行家庭教育。他的父親去過許多城市，相信透過在現場學習的親身經歷和體驗才能成為國際人。叔本華的名字中也包含了父親希望他成為世界馳名商人的願望。在他的名字「阿圖爾．叔本華（Arthur Schopen hauer）」中，「阿圖爾（Arthur）」不論用歐洲哪國語言書寫，拼字都相同，只是發音略有不同。叔本華的父親就這樣自行事先決定了兒子未來的職業。

叔本華十五歲時，必須選擇是要上高中，還是和父母一起在法國、英國、瑞士等地旅行幾年。叔本華選擇了旅行，旅行後開始在他家鄉波蘭的港口城市格但斯克的一個商人辦公室做學徒。顯然曾自由穿梭於多個城市的他不可能覺得辦公室的工作有趣。

然而，叔本華並沒有輕易擺脫父親的教育觀和教導。父親去世後，父親的影子也跟著叔本華一生。相反地，母親約翰娜卻不同。她在先生死後如同要抹去先生痕跡一樣開始處置貿易公司。她還將當時未成年的叔本華留在漢堡的家，只帶著女兒阿德萊搬到威瑪。約翰娜在威瑪舉辦沙龍，與包括歌德在內的作家和藝術家們交流，享受生活。

另一方面，獨自留下的叔本華因為剛入社會第一步就遇到難以適應職場的問題而感到茫然且不知所措。雖然他身處辦公室，心卻在外面漂泊。他還四處去聽各種公開演講。如同我們坐在會議室裡度過無聊的會議時間時，手因為心思不在會議上，所以在會議紀錄簿亂塗鴉一樣，叔本華經常在帳本封面或文件夾封面內側記錄心中天馬行空的想法。他後悔沒有選擇正規教育，而是選了旅行。原本堅信是自己未來志業的「商人」一途與他性格不合，他因此憂鬱並經常感嘆自己的命運。他到很晚才對學習感到著迷。

叔本華在二十歲時辭職，離開漢堡前往德國中部城市哥達，並在那裡考入文理科中學（Gymnasium），正式開始學習。母親約翰娜對此決定的影響很大，約翰娜指出雖然父親不在世上了，但叔本華仍被困在父親所畫的框架中。約翰娜將自己的婚姻評為「錯誤的生活」，並表示：「我了解過著違心的生活是什麼樣子，所以只要有可能，我希望你不要經歷這種悲慘。[2]」

叔本華在哥達學習的時間很短。身為自尊心高且年紀大的學生，叔本華不尊敬中學的一名老師，且時常批評。結果他在六個月後就退學，去了母親居住的威瑪。約翰娜聽到叔本華要來的消息寫了一封信：

「如果你還是老樣子，與其和你一起生活，還不如忍耐一點犧牲。（……）不斷挑剔的你的那些嘮叨，向愚蠢世界和人類不幸發出的嘆息，都讓我每晚睡不著覺，也讓我做惡夢。[3]」

不知叔本華的直言不諱是否遺傳自母親？居然有聽說兒子要來，沒有濾鏡直率表達討厭的母親！收到這封信後，叔本華在母親居住的威瑪單獨住在寄宿處，為了上大學獨自學習。叔本華在語言學習方面頗有天賦，並且充滿哲學等人文素養，然而，約翰娜對兒子的才華絲毫不感到自豪。她讀了叔本華的博士論文《論充足理由律的四重根》後這樣說道：「看來這是為藥劑師準備的書啊！」叔本華隨即回應：「即使這世界到了找不到媽媽寫的書的時代，我的書仍會被閱讀。[4]」

約翰娜組織了沙龍，與歌德等作家進行交流，但實際上她也是一位自行出版的作家。她曾以暢銷書作家的版稅生活了十年，儘管如此，母子之間還是不合拍，所以他們不是互相祝福，而是惡言相向。兩人不同的喜好帶來不可磨滅的距離感。然而，雖然兩人互說難聽的話，但這不意味著母親不愛兒子，只是用與我們想像中不同的方式彼此相愛。世俗母親要為兒子犧牲，兒子要聽母親話的公式，並不適用於這對母子。約翰娜算是用守護自己幸福的方式來照顧兒子。

我們心中珍藏著「和睦的全家福」照片，只要看著這張照片，就會湧出為了家人，照顧個人喜好或追求幸福等都要欣然放棄的傳統家庭觀。當

2 Rüdiger Safranski，《Schopenhauer and the Wild Years of Philosophy》
3 Helen Zimmern，《Arthur Schopenhauer: his life and his philosophy》
4 Rüdiger Safranski，《Schopenhauer and the Wild Years of Philosophy》

我們無法放下自己的幸福時，往往會煩惱自己是不是太自私了。然而，也有像叔本華和他母親一樣盡情展現彼此不同，並守護各自興趣和幸福的家庭關係。如果接受這只是因為彼此相愛的方式不同會如何呢？兄弟姊妹即使部分外貌和習慣相似，也具有不同的價值觀和生活方式，表達愛意的方法也可能完全不相同。唯有承認並接受想法和興趣都與自己不同的家庭成員的個性，才能減少「因為」家庭所做的犧牲，也只有如此，每一位家人才會幸福。

當人生被匱乏左右的時候

# 蒙馬特的畫家羅特列克

我小時候覺得人生不公平，但是生活到現在，我覺得人生某些方面是公平的。這種公平很巧妙，因為這需要費盡心機才能理解，沒經歷過缺乏的人是無法體會的。缺乏是我們人生的一部分。很多時候，經濟能力和外貌等物理條件的缺乏非常明顯，但情緒和心理上的不足卻不明顯。心理上的缺乏我們通常只給親近的人看，而且深度很深，只有轉換成有形的型態才能看得到。物理上的缺乏和情緒上的缺乏是無法分開的。

有個人很好地證明了這一點，那個人就是法國畫家亨利·德·圖盧茲·羅特列克。如果你去過巴黎蒙馬特，你應該會在紀念品店看到他的畫作複製海報。羅特列克不僅留下了油畫和水彩畫，還留下了雜誌封面、卡巴萊（cabaret）演出海報等許多商業美術作品。換句話說，他就是將音樂劇演出海報刻畫成版畫。當時印刷術和照相術還不發達，所以需要數十張宣傳演出的海報，因此製作可以印製原畫的石版畫非常合適，在蒙馬特的自由氛圍下，羅特列克進行了很多石版畫工作。他很有才華，甚至把商業海報也推到了藝術境界，並得到了認可。儘管如此，他仍因酒精中毒結束了生命。他到底發生了什麼事？

羅特列克出生時是富二代，他財力雄厚的父親在羅特列克上小學時，曾送他城堡作為禮物。他的父親豁達開朗，喜歡狩獵，並且是名「吃貨」。他對男子氣概有刻板印象，不僅將自己視為男子氣概的標竿，更希望兒子也能長成「如同自己一般的真男人」。然而，羅特列克卻長得比同齡人矮小，骨骼也很脆弱。他一旦感冒，就經常引發肺炎，臉部也積滿膿水。在「男子氣概」必備的馬術課中，羅特列克常常上到筋疲力盡，並因為劇烈的腿部疼痛，從小就像老人一樣拄著枴杖走路。

他最終還是發生了意外，十三歲時，他為了坐椅子而跌倒，摔斷了左大腿骨。隔年，他在散步時掉進庭院水坑，導致右大腿骨折。羅特列克被診斷罹患矮小症，這是近親結婚常發生的遺傳疾病。在那個時代，近親結婚很常見，羅特列克的父母也是姨表親關係。父親認為身材矮小的兒子是家族的恥辱，因此將繼承權交給了羅特列克的妹妹。

當時罹患矮小症的人連基本人權都無法得到保護。矮人像物品一樣被交易。據傳德國一位貴族有收集畸形人的嗜好，並為此將人如同物品般買賣。直到一九三八年制定了禁止「將身心障礙者擺在公共場所」的法律，才停止交易患有矮小症的人。然而，仔細想想，該法案也不是為了保護人權，只是為了防止給一般人帶來厭惡感。

在這種社會氛圍下，患有矮小症的羅特列克很難擺脫外貌上的缺陷。雖然他的臉已是成人，但是身高卻只有一百五十二公分，腿比身體短。我觀察他的人生，領悟到世界是公平的。雖然金湯匙成為他的詛咒，他也因為外貌遭到家族的排斥，但是羅特列克在畫畫方面卻有卓越的天賦。母親看出他的才華，將他送到巴黎的畫室。在畫室裡，他不再由於矮小症受到關注，而是因為畫畫實力備受矚目。他的矮個子不再是大家談論的八卦，畫室裡的大家都將他當成同事。然而，走上街頭，他依舊是患有矮小症的人。來到巴黎兩年後，羅特列克搬到了位於蒙馬特的畫室。蒙馬特是酒吧、卡巴萊、紅燈區等聚集的娛樂街，窮人們在這裡生活，後來則成為喜歡娛樂的藝術家們經常聚集的地方。

羅特列克在蒙馬特昏暗的酒吧燈光下，因為酒醉瞳孔放大，同時被身體醉得無法控制且踉蹌的人迷住了。他和歌手、舞者等酒吧工作人員關係很好，所以將自己的外貌當做笑料，逗人發笑。既有趣又願意花錢的羅特列克深受享受蒙馬特之夜的人們歡迎。

羅特列克和來此喝酒結束一天的工人們成為朋友，並且互開玩笑時最感到舒服。他畫布上的主角是酒吧裡的舞者、歌手和醉醺醺的人們。他對把人物畫得很美不感興趣。相反地，他關注酒精中毒的人在不知不覺中流露出的呆滯空虛表情。他的父親和堂兄弟指責他的畫使家族蒙羞，甚至對畫吐口水，最終父親還燒毀了他的八幅畫。由此可見，羅特列克在家中有多受冷落。看似好相處的羅特列克一笑置之，但是他怎麼可能完全無動於衷呢？由此看來，富二代對他反而是一種詛咒。因為外貌受到的暴力讓羅特列克難以忍受，他越來越依賴酒精。成癮是因為某種匱乏而出現，但是對某物的成癮卻無法填補這種缺乏。即使酒精中毒，他想要抹去的疏離感始終沒有消失，他反而需要更多酒精。

他製造了「深水炸彈調酒」與人們分享，喜歡看人們喝醉的他自己也常常喝醉。他越來越迷戀酒精，常常用喝醉後呆滯的眼睛凝視著天空，但是即便如此，他也沒有停止描繪酒醉的人。與此同時，他因為卡巴萊的演出海報而聲名大噪。羅特列克用簡潔的線條製作石版畫，吸引了人們的視線。他因酒精中毒住進精神病院期間，如果症狀好轉，他仍會繼續做畫。他留下油畫七百三十七幅、水彩畫兩百七十五幅、印刷品和海報三百六十三幅、素描五千零八十四幅，還有許多不為人知或丟失的作品。羅特列克不僅有才能，在繪畫工作方面也很精實，但是私生活卻一團糟，後來甚至乾脆住進了紅燈區。在紅燈區工作的這些人是他的同事和朋友，他能自由出入他們的臥室，所以用畫留下了他們的日常生活。

無論發生什麼事，他都毫不懈怠地磨練自己的才能。雖然他為了使他人了解並認可自己的才能而認真鍛鍊，但始終未能克服自己的缺陷。或許，他並不愛自己的人生。外表的缺陷使他喝越來越濃的酒。酒不僅奪走了他的才能，還奪走了他的生命。

沒有人能擺脫匱乏。羅特列克的外表也許並不是他感到匱乏的真正原因。韓語中有「產生感情」的說法，意思是雖然外貌會影響第一印象，但是並不影響持續累積的親密感。第一次見面的人可能對他的外貌感到陌生，但是仍有很多喜歡他的朋友和同事，這意味著他在建立友情和與同事交往的過程中，外貌完全不構成問題，就像我們一般人一樣。但他被父親和家人排斥，這表示他被排除在他所處的階級之外。即使搬進新房子，換了新家具，他仍不時會因為想起家人而悲傷。即便他身邊的朋友再多，藝術創作再興盛，也成了有名的畫家，他仍無法克服缺陷。

我們都在不知不覺間帶著缺陷生活。美國作家卡羅琳·納普（Caroline Knapp）實際上也是個酗酒者。她曾坦白表示自己是酒精成癮者，為了遵守截稿日，到辦公室上班時，她都會去廁所偷偷喝威士忌。納普懷念母親的溫暖，並渴望得到父親的認可。雖然她在社會上有很好的表現，但是陷入情緒風暴時，還是得依靠酒。然而，納普做出與羅特列克不同的選擇，那就是承認自己的不足，並藉由書寫自己故事的方式來克服。

缺陷只有在承認時才能克服。當然，羅特列克和納普的人生無法說是幸福的，只不過，是該因為人生旅途中的缺陷而賠上整個人生，還是承認並克服，這值得我們好好思考。

我的朋友J繼承了許多財產，一生中從未擔心過錢，如果沒有什麼特別的事情，他會在不知道何謂經濟匱乏的情況下結束一生。即使沒有像羅特列克父親那樣買城堡的財力，但是只要有想做的事或想買的東西，他從來都沒有因為錢而猶豫過。J做任何工作都是不到三個月就辭職了。我們無論做什麼事，都會遇到困難，這時缺陷會為我們帶來堅持下去的動機。例如，如果我們必須償還貸款，即使是不想做的工作也會繼續做下去。無論是外在還是內在動機，兩者必有其一才能使我們持續做某件事。然而，J沒有辛苦堅持下去的理由，也因為沒有堅持過，所以不知成就的喜悅為何。由於他在物質上本來就很富足，所以J害怕的只有無聊的長壽。因為他沒感受過成就感，所以對他人的成就感也沒有認同感。

從這一點來看，撫養家人和自己的義務也許是引領我們堅持下去的最大動力。不需要流汗就能得到東西的人生會讓人缺少使人笑或哭的成就感。因為成就感是必須超越自我極限，克服困難才能嚐到的果實。如果一輩子都沒有成就感，卻能豐衣足食，這不也是很大的缺陷嗎？是要成為因為缺乏而賠上人生的羅特列克，還是讓一兩個缺陷成為培養才能的墊腳石，這是值得思考的問題。如果是你，你會選擇什麼樣的人生呢？沒有人的人生是完美的，無論處於什麼條件，如何看待我們所擁有的東西將會決定我們生活的方向。

## 第3部

# 自我肯定人生論的第三部

如何以自己的方式
成為世界的一部分

因無法癒合的傷口而疲憊的時候

# 日記大師克里斯多夫・雅歌塔

人是心靈脆弱的生物，因此，為了鍛鍊心靈肌肉，我們不時會抽空與朋友見面，一起看電影。在學生時期，我無法想像會與每天見面的朋友們疏遠，甚至覺得自己的喜怒哀樂和朋友的喜怒哀樂重疊是理所當然的。然而，隨著大家踏入社會，由於工作、年薪及交往的人不同，生活也發生了變化。

我在努力生活的空檔與久違的朋友們約好見面，並開心地奔向約定場所，但是對話卻總像眼睛進了沙塵般有異物感，讓人非常不舒服。這種異物感很陌生，使我比對待初次見面的人還要小心謹慎。每次的對話都沒有核心內容，感覺虛無縹緲。我不是為了共享餐廳或營養食品的資訊而參加聚會的。我想知道的是大家是為了什麼事情而悶悶不樂，又是因為什麼煩惱輾轉難眠，但是朋友們變了，我也變了。過去會彼此訴說相似煩惱的朋友們去哪了？在分秒必爭的社會，大家都不想困在過去的關係中，所以我在回家的路上心裡總是空蕩蕩的。

在實踐健康生活的要素中，有分享情緒的對象是必要的，但是在忙碌的社會中，想把這種煩惱表露出來，需要一點勇氣。情緒難以只用言語表達清楚，話往往在說出口後，細膩的情感就消失了，只剩下字典裡的意思。如果你的生活也充滿空虛、無力感和憂鬱等，可以試試匈牙利出身的作家克里斯多夫戰勝孤立和寂寞的方法。以《惡童三部曲》聞名的克里斯多夫經歷了完整的戰爭過程。她被扔到極端的處境，只剩下孤獨。克里斯多夫是如何獨自克服的呢？

克里斯多夫四歲時發生了戰爭，當時正值前蘇聯和美國成為軸心，共產主義和民主主義兩個理念相互對立的時期。九歲時她移民到講德語的邊境城市，一年後俄軍佔領匈牙利，並在學校強制實施俄語。因為學校的老師都不會說俄語，所以教學也力不從心。這是因為強制性的語言制度導致教師們無法教書，學生們也散失學習意志的時代，人們稱其為「國民知識怠工」時代。克里斯多夫一代不僅要學習俄語，還必須學蘇聯的文學、歷史和地理，因此成了什麼都沒學好的一代。

一九五六年，戰爭在匈牙利造成三萬人死亡，當年克里斯多夫因先生捲入政治被迫流亡瑞士。她背著剛出生的女兒穿越國境，行李裝著珍貴的「字典」，而不是生活必需品。流亡是漫長的旅程，他們穿越匈牙利和奧地利邊境後，在維也納的難民中心停留了幾天，之後在瑞士洛桑待了一個月。到了蘇黎世後，終於在伯恩附近的小鎮瓦朗贊定居。克里斯多夫隨後開始在鐘錶廠工作。

上班族的生活不分國家和時代，沒有太大的不同。凌晨五點半起床，晚上五點下班，下班後到社區雜貨店買菜、準備晚餐、哄孩子睡覺、洗碗、寫點東西。沒什麼特別的，這是我們熟知的下班後日常。穩定的職場生活比做為難民漂泊在外，物質上更富足。不僅飯菜充足，冬天也不用擔心取暖問題。雖然克里斯多夫嚐到了薪資帶來的實在，但是她卻傷心地表示：「除了等待週日之外，沒有什麼可期待的」。因為在穩定的日常生活中缺少撫慰心靈的對話。每當她感覺像是一個人站在颳風的懸崖上時，有條繩子她絕不會放掉，那就是寫日記。她身為難民流浪時、小時候在軍隊般的宿舍過寄宿生活時，以及在瑞士安穩生活，內心卻颳起寒風時，她都持續寫日記。

克里斯多夫寫日記的歷史可以追溯到小時候。戰爭使她家人四散，父親被抓進監獄，生死未卜，母親為了養育孩子，拚命工作，但仍無力撫養克里斯多夫。

克里斯多夫十四歲就住進宿舍，與十人或二十人一起住在大臥室裡。她必須在那種地方遵守紀律生活。早上六點起床，晚上十點睡覺，從學校回來後到吃晚餐前必須自習。她記得這是一段「長時間的沉默」。她在青少年時期只能獨自承受著艱難的悲傷，因此她在強制自習的時間開始寫日記。克里斯多夫寫了關於失去家人和家的不幸、痛苦、悲傷，以及「讓她每天晚上在床上壓低聲音大哭的一切」。不僅如此，她必須自行解決所有日常事務，所以她向其他同學借學習用品，還經常借鞋子穿。因為她的鞋子很舊，經常需要託人修理，所以必須借其他同學的鞋子，如果同學要回鞋子，她就只能躺在床上度過。因為沒鞋子穿，所以直到修理完成為止，她都被剝奪到處走動的自由，真是令人哭笑不得。她寫了一些簡短的劇場劇本來賺零用錢，每到休息時間，她都會去宿舍的各房間收費進行簡短的表演。費用是一個麵包的價格，可能是因為長期寫日記累積了實力，她照著寫出的劇本所做的演出大賣，想要看演出的同學們在走廊排起了長長的隊伍。雖然她以演出獲得了食物，但是真正拿到的補償卻在其他地方。她表示：「最大的回報就是給人帶來歡笑的幸福感。[1]」

她因為無法一個人承受悲傷，於是開始寫日記，後來又寫劇本來賺點小零用錢。當她的文字觸動人心，她的悲傷就變淡了。克里斯多夫在寫作期間一直是一位作家，但被人們稱為作家的旅程與作為難民流離失所後定居的過程相似。

瓦朗贊小村使用的語言不是克里斯多夫的母語匈牙利語，而是法語。作為流亡者，用外語寫作很難觸及其他人。儘管如此，她還是沒有放棄，

1 克里斯多夫．雅歌塔著，《文盲》

一邊學習法語一邊寫作。某天，村裡的業餘演員們在一家咖啡廳表演了她寫的戲劇，演出圓滿落幕。雖然這只是在社區咖啡廳拉開序幕的活動，但是透過這個小小的活動，克里斯多夫獲得了繼續寫作的動力。後來她在一些人的勸說下，寄送原稿給廣播電台，並以此為契機開始收取版權費並寫文章。她不知道出書的方法，也不打算出書，只是寫了又寫。那些無法忘懷的悲傷和無力感完整地累積在筆記本上。殺人、強姦、暴力、虐待等她親眼所見所受的創傷，在兩年後成為一部故事。

她反覆琢磨完成了故事，卻不知如何是好。在朋友的勸說下，她把稿子寄給法國三大出版社。兩家寄來了拒絕信，但是她收到了一家寄來的合約。自傳小說《惡童三部曲》就這樣問世了，並且被翻譯成十八種語言。隨著小說大受歡迎，克里斯多夫參加了朗讀會，當她被問到如何成為作家時，她做出了以下的回答。她的回答平淡無奇：

「最重要也最理所當然的就是寫，並且持續寫下去，即使是沒有引起任何人興趣的時候，甚至是覺得永遠也吸引不了任何人興趣的時候。即使抽屜裡積滿了原稿，並且為了寫其他東西而忘了那些堆積的原稿時。[2]」

克里斯多夫親眼看到，在一場無法靠自己的意志克服的戰爭中，許多無辜的人成了屍體。那些人僅僅因為出生在這個世界上，就被拋擲在慘烈的境地，她心中一輩子因此懷著難以言喻的巨大悲傷。連家人和母語都失去的她就算徹底放棄生命也不足為奇。每當傷口作痛，沒人可以分擔悲傷時，日記本就會成為克里斯多夫的親密朋友。寫日記是她獨自抵禦颶風的方法，她也用同樣的方法照顧颶風留下的傷痕。

我不知道如何處理傷口，所以經常放任不管，結果就是化膿。只要有人稍微碰一下，傷口就會裂開，若為了隱藏傷口而大發脾氣，對方就會因

2 克里斯多夫．雅歌塔著，《文盲》

此驚慌失措地逃跑，或者我會因此蜷縮起來，避開所有人。如果你也因為經歷不好的事情而充滿悲傷，那麼請不要生氣或畏縮，像克里斯多夫一樣在日記中寫出來如何？日記的累積將成為我們的歷史，或許也會成為帶給他人安慰的歷史。

# 找不到適合自己個性的工作而不知所措的時候

## 紀實攝影師、大金．阿傑特

「我不知道今後該為自己的職涯準備什麼。」

這是我因為工作的關係從某位大學生那裡得到的提問。才二十出頭的他應該有著無限的可能性，但是反過來看，「無限」的可能性也可以說是什麼都不確定。哪裡都可以去意味著不知道該去哪，所以很茫然。如果不知道目的地，也不知去處的環境和條件，那當然不知道該準備什麼。

每個人都想要在職場和社會上成為有用的人，但是有多少人從一開始就清楚該準備什麼？從起點就確切了解自己的職業傾向並投入工作的人並不多。大家偏愛某些職業的原因也許是因為那些職業可以減少這種煩惱，但是像醫學院、法學院或師範學院這樣畢業後前途明確的領域只是少數。我們大部分人都沒那麼清楚什麼工作適合自己，再加上時間緊湊，所以只能先相信自己隸屬於某個領域。實際上，如果面前出現幾個新選擇，多數人往往很快就會放棄先前的考量，並且馬上依據現況做出不同的選擇。

我也經歷過這個過程。因為我認為自己骨子裡就是個文科生，所以依據分數成為主修法文的學生。法國大部分作家在意的不是自己當下所處的地方，而是「他方（au-delè）」。二十多歲時的我不懂「他方」是哪裡，只覺得那似乎讓人提不起勁。對大學時期的我來說，當時所處的地方就是從高中的紀律中解放出來，可以通宵喝酒，也擁有可以像鑫斯一樣度過一個漫長假期的自由。但是不知道是主修的影響還是我自己的個性使然，踏入社會後，我不知不覺像法國作家一樣無法適應當下所處的地方，總是到處尋找他方。我辭職後不知道該做什麼工作，也不清楚自己適合什麼。如果你也和我一樣不知所措的話，讓我們進入法國攝影師阿傑特三十九年來以自己的方式找到適合自己工作的故事吧！

尤金．阿傑特曾拍攝過巴黎的建築、巷弄、公園等，因此被稱為紀實攝影師。阿傑特進入攝影這個行業的理由是為了生計。直到三十歲涉足攝影之前，他並不了解自己適合哪個行業，所以像我們一般人一樣徬徨，輾轉於各種職業。他七歲失去父母後在祖父母的照顧下長大，所以很小就開始工作。國中畢業後，他曾擔任過外港船員，二十一歲移居巴黎做演員。雖然他在巴黎近郊和其他地方出演了相當長的時間，但是他沒有作為演員的才能，也沒什麼特別值得炫耀的經歷，最終還是因為做得太吃力而辭職了。他三十歲時也到處流浪十五年了，以踏入社會的工作者來說，十五年絕對不是一段很短的時間，但是做了這麼久的工作仍徬徨失措的也不只阿傑特一人。

三十歲對人來說是什麼樣的轉折點？我也是從三十歲才開始尋找真正想要的生活。我當時煩惱了許久，因此看到阿傑特的故事覺得特別親切，並且開始相信三十還不算老，這個年紀是身體還年輕，精神也仍在持續成長的時期。我們經常認為成長是變成比現在更好的狀態，但是我對成長有不同的定義。我認為真正的成長是在自信心受挫的同時，停止以自己為中心看待世界，並且在開始將自己視為世界一部分時發生的。唯有認知到世事無法隨心所欲，並在思考該磨掉自己哪些稜角的同時，尋找值得持續堅守的價值，我們才能成長。雖然我無法確切了解阿傑特的內心想法，但是他的獨特旅程與我的想法相似。

阿傑特輾轉各種職業，最後才找到了適合自己個性的工作。只有極少數的人能從很小就在某個領域脫穎而出。我們一般人通常無法如此。我們的才能最初往往萌發於不起眼的平凡之中，這時我們會先做一些小嘗試，但是多半會在反覆失敗後覺得這份工作「不適合自己」，然後放棄。此時如果有著「要維持生計」等具體目的會如何呢？很多時候，我們工作的目的不是「拍一張死後仍會被大眾記得的照片」等宏偉的目標，僅僅是為了活下去而已。我們多半無法實現偉大的目標，我們常常因此感到痛苦。其實久了我們終究會明白，即使不時能看到有人夢想成真，但是築夢失敗的情況更多。這也是為什麼看到實現夢想的人我們會盲目被吸引並尊敬。現在，請將宏大的目標暫時放在一邊，先設定具體且能執行的目的如何？

阿傑特向我們展示了抱著務實的目的不斷投入時間，而非宏偉的目標時產生的有趣結果。他拍攝藝術家們工作時需要的資料照片並出售，後來又將照片賣給了公家機關。他從未有過「要拍下百年後人們也會讚嘆的照片」這種堅定的決心。取而代之的是，阿傑特觀察當時的社會氛圍，分析可以銷售照片的市場。當時巴黎正在進行重新開發，巴黎的春天百貨和拉法葉百貨公司位於奧斯曼大道，這條街的主人奧斯曼男爵促進了巴黎城市規劃。奧斯曼男爵試圖透過商業發家致富，並為新崛起的富人們拆除整個老城區，建造方便的新城區。無論是當時還是現在，方便的新建設都深受人們的喜愛。巴黎在工業革命後的十九世紀掀起重建熱潮，因此圖書館或博物館等公家機關爭先恐後地收集與消失的舊文化遺產有關的視覺資料。當時不僅是照片，連素描、版畫等資料也被大量收集。阿傑特順應時代潮流，出售照片給公家機關。

阿傑特以「生計型創作者」起步，他的作品後來在評論家們之間引發了與美學評價相關的爭論。有的評論家稱他為商業攝影師，意思是他只是記錄龐大文化遺產的「資料攝影家」。但也有評論家認為，阿傑特有自己的風格，其作品蘊含的審美價值超越了資料照片的等級。不論當時評論界的爭論結果如何，阿傑特住過的巴黎蒙帕納斯坎帕涅普雷米埃街上佇立的紀念碑刻著「現代攝影之父」，由此應該可以知道後世的評價為何吧？

可以肯定的是，阿傑特走上了屬於自己的路。他不隸屬任何地方，獨立勤奮地工作。雖然沒有系統性地學過攝影，但是他每天背著大相機上街。在此過程中逐漸形塑出自己專屬的風格。如同我們剛上小學時寫的字歪歪扭扭，過了幾年後就熟悉了拼寫法，並擁有自己風格的字體一樣。一個人在特定領域積累出的特殊風格，很多時候都是透過這種方式打造的。

阿傑特拖著很重的攝影機和巨大的聚光設備走遍了巴黎的每個角落。此外，他還用裝有巨大廣角鏡頭的相機進行工作。對於把街道當作工作室的他來說，攜帶沉重的攝影設備更像是勞動，但是他沒有放棄廣角鏡頭。用現在我們的角度來看，不就很像是為了強調字體的美感而堅持使用自己喜歡的筆嗎？阿傑特最終以不太符合攝影界標準的方式展現了「阿傑特」風格的風景。

與他往來的公家機關曾經表示想要幾張記錄建築物或遺址的照片，阿傑特接到此要求後，除了顧客想要的中立視線外，還拍了具備其他要素的照片。有些照片中出現街頭頑童，或是巴黎貧困區的人等。這些照片很自然地捕捉了社會氛圍。從破敗的建築物和人們的衣著可以看出貧富差距，從他的鄉村風景系列作品中則可以感受到如同畫一般的寂靜。阿傑特進一步向自己感興趣的領域進軍，以「巴黎的街頭噪音（Cris de Paris）」為主題拍了許多小攤販。其中的八十張作品現在仍作為明信片出版，這項工作在商業上最為成功。

他堅持先製作後銷售的工作模式，並用自己的方式配合顧客，之所以採用這種工作模式源自於一個小事件。某次，巴黎市立歷史圖書館的負責人要求阿傑特拍攝杜樂麗花園。阿傑特相信只要按照平時的方式隨心所欲拍攝就能拍出好作品。結果卻出乎意料，負責人對阿傑特表示：「原來你是那種不知道該拍什麼的人啊！」

自此之後，阿傑特就不再先接單了。以自由攝影師的身分先製作後銷售是阿傑特即使按公家機關的規則工作，也能發展並保有自己風格的原因。正如法國電影導演安妮．華達所說，任何工作都有必須遵循的規則和紀律，即使從事自由業也是一樣。我認為阿傑特是真正的藝術家，因為他在遵守規則和紀律的同時能保有自己的風格，他不是為藝術家創作藝術，而是創作面向一般大眾的藝術。

阿傑特因為初入社會時不了解自己的個性，所以徘徊許久，但是開始進行拍攝工作後卻閃閃發光。他拍攝照片長達三十九年的事實證明了這一點。無論多麼適合自己的職業，總會有不想做的業務，阿傑特藉由擁抱這一點來尋找突破口，他做到了在遵守規定的同時拍出吸引人的照片。他的作品提供我們前往舊時代巴黎街頭旅行的窗口。藉由每天上街認真拍照，阿傑特成為拍出巴黎市政廳所需照片的人。沒有什麼比得上堅持不懈，即使這是適合你個性的職業。

職業能力傾向也許是指找到如何忍受不喜歡業務的智慧吧！許多人會在一點一點嘗試後，以不適合自己為由辭職。我也是如此。但是成功的法則只有一個，如果光是制定計畫，卻什麼都不做，那麼計畫永遠只是計畫。一旦嘗試了，即使發現不適合，就算辭職也會有新體悟，並且能重新設定方向。計畫是需要修正的，按照計畫嘗試工作的過程中我們潛在的素質也會因此被開發出來。「可能性無限」這句話實際上等於「什麼都沒開始」。

因此，唯有親自經歷這樣的碰撞，煩惱適不適性才有意義。

因為無法與人好好相處而煩惱的時候

# 天才哲學家維根斯坦

成人每五年換一次朋友，因為環境改變後，我們交往的人也會不同。我脫離了社會定義的一般職涯週期，因為我沒能堅持在某個崗位上工作。我現在能和學生時期的朋友、曾經共事的同事們分享的東西也不多了。因為我們生活的方式和世界觀都大不相同。儘管如此，我仍相信在人生這個漫長的比賽中，我們是因為曾經成為一起奔跑的「夥伴」而心意相通。這個信任有時是對的，有時卻是錯的。

久違地和朋友面對面坐著，但是喜悅卻是短暫的。因為我面前的朋友已經不是我原本認識的人，看到完全不同的朋友，我嚇了一跳。儘管我有家人、同事和朋友，卻常常覺得自己是孤獨的。想要建立健康的關係，就要像栽培花草一樣下功夫，但很多時候我做不到。建立新關係的細胞自從學校畢業後持續退化，久了之後，我逐漸築起自己的城堡，將自己關在充滿孤獨的城堡裡。能打開城門，張開雙臂迎接人群的人就是城主，但如果城門一直掛著門閂，那就是冰雪奇緣的女王。這與語言暨分析哲學家維根斯坦所說的：「孤獨不是在外面，而是在自己的內心。」一如出一轍。

維根斯坦認為「生活是與自己本性的戰鬥」。他把自己的城牆築得高高的，生活在自己的世界裡，一生都在與自己的本性搏鬥。他出生在奧地利的「三星家族」。他的父親卡爾是一位白手起家的鋼鐵企業家，累積了巨大的財富，育有八名子女。他希望子女在文化界成為貢獻者，而非被動的消費者，因此他沒送孩子上學，而是雇用了二十八名家庭教師進行家庭教育。然而，維根斯坦的三個哥哥卻由於父親的高壓教育哲學，接連自殺了。他的父親大吃一驚，將剩下的兩個兒子送到了學校。

自出生就是金湯匙的維根斯坦不太能適應一般孩子所上的學校，他本來話就不多，也不擅長交朋友。他反而因為同學們的行為與在家接受的教育不同而受到了衝擊。他的成績也不怎麼樣，但是他被父親的權威壓倒，害怕說出自己想說的話或真話。相反地，他經常說父親期待的話。

他按照父親的希望攻讀工程學，在萊特兄弟發明飛機之前，他挑戰成為第一個造出飛機的頭銜。他不清楚這是父親的目標還是自己的目標，總之他為了製造飛機前往曼徹斯特。然而，他製造的飛機在飛上天時屢次失敗。此後，認為航空學不適合自己的他逐漸被哲學所吸引。他很快放棄了航空學，專心尋找哲學問題的答案。從他的童年來看，他很努力適應社會，特別是父親提出的制度，就像我們不會一開始就對既有秩序產生疑問，而是先學著順應一樣。

但是戰爭改變了他順應社會的世界觀。戰爭爆發後，他自願參軍，服了五年的兵役。他的敏感氣質與必須集體生活的軍隊格格不入，但他還是自願參加了。他為什麼選擇與自己本性背道而馳的道路來奮鬥呢？儘管他可以選擇搭便車，但是他卻沒有從戰場上撤退，反而肩負最危險的任務。在軍營裡與不合的人相處，讓他更討厭人，在生死交錯的戰場中間，他總會自問自己能否忍受死亡的恐懼。他似乎成了享受痛苦的受虐狂，因為他在每天都有砲彈飛來飛去的戰場上陷入死亡恐懼的瞬間，確信自己這時活得最偉大。

在如此驚慌失措的時候，他遇到了當時的分析哲學大師伯特蘭・羅素（Bertrand Russell），並因此將自己的職涯方向改為哲學。羅素是看出維根斯坦天賦的人。如果維根斯坦沒有遇到羅素，他的哲學可能永遠都不為人知。

維根斯坦是一個獨特且固執的人，他感到孤獨的同時，也享受著孤獨。他不願隸屬任何群體，從戰場回來後，他在三十多歲時從師範大學畢業。畢業後，他自願到貧困鄉村的小學工作，他在偏僻的小屋裡靠一塊麵包維持著禁慾的生活。他像生活在修道院的修道士一樣，依靠最少的物質生活，徹底拋開家族的巨額財富。相反地，他在豐富人際關係上傾注了關注和努力。在小鄉村學校，他聚集了幾個學習快的孩子，教他們代數，他的熱情可見一斑。然而，如果孩子們跟不上，他也會毫不猶豫地體罰。他對教育的熱情與他父親教育的方式相似，也就是不是按照子女的希望，而是依照自己的意願教育的哲學。

維根斯坦試著說服這些孩子的父母讓孩子上高一個年級，但得到的是空洞的回應。對村裡的人來說，他是貴族，而且是「奇怪的」貴族。雖然他隱瞞了自己的出身，卻掩蓋不了他繼承的文化底蘊和高尚精神。就像三星出身的子女如果穿廉價的拖鞋反而會成為話題一樣。對村民們來說，比起讓子女接受高一個年級的教育，他們更需要幫忙農活的人手。他的熱情成為一點也不考量孩子處境的固執。因此，他的提案屢遭拒絕。

羅素告訴維根斯坦這種固執是浪費精力的，但是仍然無法改變他的固執。維根斯坦住在自己堅固的城堡裡，並在挫折的循環中打轉。他為什麼會如此執著呢？難道他希望像他父親一樣，在精神領域白手起家，而非只是單純作為擁有巨大財富家族的一員生活呢？然而，越是這麼做，他就越遠離人群，並因此走進孤獨的墳墓。

他將不論花多少都不會明顯減少的遺產全都給了手足，選擇過赤貧的生活。參加戰爭時，他每天都努力克服面對死亡的恐懼。實際上他沒有愛國心，也沒有對戰友深厚的愛，反而總是以無法和人溝通為由迴避談話。他故意選擇與自己本性相反的道路，只走充滿挫折的路。

維根斯坦住在柏林，在準備出版他的手稿《邏輯哲學論》時同樣遭遇挫折。因為那時他的理論還沒有廣為人知，所以從出版界的角度來看，這本書是賣不出去的。某次，有人勸他自費出版，但是他拒絕了。因為他認為不能強迫大家接受他的書。他沉浸在精神生活中，《邏輯哲學論》是精神奮鬥的產物。他確信人們，甚至包含羅素在內的劍橋教授們都無法理解自己的書。儘管如此，他還是很積極地想要出版書籍。既然他認為人們不會理解自己的哲學，為什麼還要出版書呢？我們該怎麼理解他的矛盾行為呢？我想也許他是想透過書進入平凡人的世界吧？書最終出版了，在英國很受歡迎。但是，他家族的人卻嘲笑這樣的人氣。他完成書之後解決了困擾已久的問題，但是他很驚訝地發現他覺得自己的成名並不重要。

他在寄給羅素的信中這樣寫道：

「在我內心深處，有首像會湧出間歇泉的地板一樣持續沸騰的童謠，我一直希望它有一天會突然噴發出來，讓我變成另一個人。[1]」

對他來說，成就是透過與自己的本性搏鬥取得的。換句話說，就是經由完全克服自己獲得。然而，缺少對他人的關心和理解，真的能克服自己嗎？按照他的哲學，他相信只要靈魂純潔，無論外界發生什麼事，都不會對自我產生任何影響。因此，他關心的對象是自我，而非外在問題。他花了一輩子以這種方式重新打造自己。

諷刺的是，維根斯坦迫切希望的是「遇見能分享理性語言的靈魂，哪怕只有一句話[2]」。他一生都念想著能溝通的人，所以也沒有完全切斷與周圍的聯繫。他持續尋找合得來的人，但是不想讓自己去迎合別人。他周圍的人不多，一輩子生活在痛苦之中也許是他更加執著於哲學的原因。維根斯坦拋棄了日常生活，藉由哲學解開煩惱。

如果你因為過分執著於某件事而焦急的話，請想想你現在是不是處在四季中的冬天呢？命理學認為每個人一生都會度過四季，但是經歷的季節

1 雷伊．孟克著，《天才的責任：維根斯坦傳》
2 雷伊．孟克著，《天才的責任：維根斯坦傳》

順序不同。有人先過冬天，然後才是春天，也有人是從夏天開始。試想，維根斯坦是不是拒絕與周遭的人相處，將自己關起來度過一輩子的冬天？

那麼，你我又是在度過一個什麼樣的季節呢？

想背地裡抱怨的時候

# 罵人成精的作家查理・布考斯基

「職場生活並不都是痛苦的，雖然百分之四十很痛苦，但是百分之六十很有趣。」

這是出社會二十年的上班族P所說的話。P表示如果因為公司的事情感到壓力，就會和幾個志同道合的同事一起喝酒，透過抱怨來抒發。他經常用這種方式擊退想辭職放飛的心情。只有P這樣嗎？我還在上班時也是這樣。如果遇到無法忍受的人或情況，我就會向不會把我說的話傳出去的兩三名同事抱怨。

背地裡抱怨是以被動的方式表達意見，因此被認為是不可取的。但我們只是無法成為康德的普通人，像康德一樣藉由幫助別人感到快樂對平凡人來說是行不通的，能有多少人只專注於幫助別人本身呢？我們總想炫耀自己幫助了別人。遇到無禮的人，我們通常不會第一時間試著理解，只想先罵髒話。很多時候知道和行動是兩碼事，畢竟我們只是平凡人。

每當我們遇到無禮的人時，如果不罵人，壽命可能會縮短。我偏好不給他人造成傷害的平靜辱罵，因為我認為這對心理健康有好處。如果是在人格上侮辱他人或具有攻擊性的話，那就很難得到好處。遵守一定的界線，辱罵不滿意的人，是社會生活中不可避免的本能。如果你還是覺得不舒服，或許可以從被《時代》雜誌稱為「美國下層生活桂冠」的作家查理・布考斯基那裡得到安慰。據說，在美國書店，布考斯基的書籍被盜次數最多。布考斯基經常使用直接的表達方式，甚至在文字中使用髒話。那麼，他為什麼會成為罵人精呢？

布考斯基一家於一九三零年在洛杉磯定居，當時他的父親失業，經常虐待年幼的布考斯基。他的父親一週三次用一根細皮繩打他，母親則默認了父親的虐待。布考斯基童年在遭受虐待時理解了何謂痛苦。他非常害羞，再加上受到德國母親的影響，他的德國口音很重，所以被取了在第一次世界大戰時用來輕蔑德國士兵的「海尼（Heinie）」這個綽號，並受到了嘲笑。他在對外貌敏感的青春期有嚴重的皮膚問題，因此過著蟄居生活。他的內心充滿憂鬱和憤怒。在家裡得不到保護，又在同齡人群體中遭到排擠的他開始用文字表達憂鬱和憤怒。

他十幾歲時在一位朋友的推薦下第一次嘗試了酒精，之後就將酒精稱為精神與靈魂的糧食，酒精成為他一生的摯友。高中畢業後，他在洛杉磯城市學院學了兩年的藝術和新聞文學課程，但因為第二次世界大戰輟學，移居紐約。他無法成為正式員工，所以只能住在廉價飯店，並在美國各地流浪。為了能在全國旅行，他還在鐵道廳做過鋪鐵軌的工作。他工作時間最長的單位是郵局，他在郵局負責分類信件十年。他酗酒且迷上賽馬，所以經常出入賽馬場。他寫文章對這樣的自己和社會的荒謬進行謾罵：

「為什麼要去賽馬場？為什麼喝酒？這是破壞。該死，是的！就是破壞！在紐奧良，每週工作賺十七美元，同樣是破壞。白色的屍體堆、被洛杉磯軍醫院床單裹上的腳踝、大腿骨和糞便……待死之人、牆壁和寂靜。雖然只有像垃圾場一樣的軍隊公墓，但是老人們卻吸著瘋狂的空氣等待著。1」

從布考斯基以自身經驗為基礎撰寫的小說《郵局》中，郵局工作人員在社會中的地位就能得知。當時他工作的郵局是酒精成癮者也可以工作的地方，即使一開始有一百五十到兩百人一起進入公司，幾年後也只剩下三、四個人。這是一件很難堅持下去，也難以找到意義的工作。也就是說，必須是像布考斯基這樣能揮霍現在，並且將未來送到遙遠仙女座的人才能堅持下去。

他的詩〈變得親切（Be kind）〉中寫道：「年齡不是罪，但是故意揮霍的羞恥人生是罪過。」他在某些方面過得很風光，例如他會在辛苦勞動後浸泡在酒缸中，並且把時間花在女人和賽馬上。但是其他人也像他一樣也為了生存投入時間工作後，因為需要補償，所以會做些「別的活動」，例如玩遊戲、喝酒、看電影或閱讀等等。然而，看電影或閱讀比喝酒更好的想法是從哪裡來的呢？這些看似無用的活動都有共同點，那就是為了照顧自己，並擁有自己的時間。那麼，為這些活動排名有什麼意義呢？不都是為了自己而活而已。布考斯基成為罵人精也是為了活下去。他出生在城市中的下層階級後受到虐待，成年後不穩定的勞動生活和酒精成癮與虐待同樣具有破壞性，我們不得不認同他所做的這個比喻。

他在四十九歲時決定放棄奪走靈魂的勞動，以每個月從一家小出版社獲得一百美元的價格，開始過全職作家的生活。一百美元只有郵局薪資的幾分之一，卻能正式發出辱罵世界的聲音。無論是過去還是現代，寫書都是決心徹底投入到貧窮中，儘管如此，仍有許多人想寫書，因為他們認為這是一件很有魅力的工作。也許是因為這是可以正式講述沒人傾聽微不足道生活的機會。布考斯基寫書不是為了獲得人氣和出名，而是希望得到理解。他成為專業作家，開始寫文章後也沒有停止罵人。他盡情地罵道：「任何人都可以抱怨，事實上我們大部分人都會抱怨。」

1 Charles Bukowski著，《On Writing》

「對我來說寫作是出口、娛樂和解放。我需要寫作時的安心感，需要這該死的工作。過去沒有任何意義，名聲也沒有任何意義。重要的只有下一句話。如果我無法寫出下一句話，從技術上來說，即使我還活著，我也是個死人。[2]」

他經常因為滑稽或荒唐到如同表演般的行為而成為話題。雖然從被冷落的作家，無意中成為人氣作家，但是他一生都保持著局外人的視角和感性。他被稱為「地下之王」、「底層國民詩人」、「半失業者的先知」，但是他在有生之年很少受到美國學術界評論家的關注。反而在歐洲，特別是因為他出生在德國而受到了更多關注。布考斯基的墓碑上刻著「Don't Try」，他的人生就像是《可不可以不要努力？》[3]這本書的翻版。

我經常聽到有人說自己一生都在公司和家庭努力奮鬥，但是回過神來，卻發現手上什麼都沒有。這時，翻開布考斯基的書，罵上幾句髒話，心情應該會變好。

即便已在底層廣為人知，布考斯基直到閉上眼睛，五十年來幾乎每天都在寫作。就像週末去弘益大學的社團就能看到許多做音樂的人一樣，這些人並不是一定要被認識才做音樂或創作。布考斯基在接受採訪時表示：「如果一週不寫作，身體就會不舒服，還會頭暈到無法走路，甚至躺在床上吐，或是早上起床就會咳嗽。我得打字，如果有人割斷我的手，我會用腳打字。[4]」

他稱寫作為「令人窒息的有趣遊戲」，如果稿子被拒絕的話，他會寫得更好，所以很有幫助，若被接受的話，他會一直寫下去，因此也對他很

---

2 Charles Bukowski著，《The Captain Is Out to Lunch and the Sailors Have Taken over the Ship》

3 原文書名하마터면 열심히 살 뻔했다，直譯是「差點就努力生活了」，繁中版完整書名為《可不可以不要努力？不優秀、不成功、不富有的我，選擇與他人眼中的正確人生決裂後，才做回了及格的自己》

4 Charles Bukowski著，《On Writing》

有幫助。寫作和辱罵也許就是他鞏固人生意志的助興語。如果能藉此激發躺在地上消沉的自己，罵人也沒什麼大不了的。

在支離破碎的日常生活中需要來點刺激的時候

貧窮的紐約客海倫．漢芙

記錄是人類的本能，即使是在文字發明前的穴居時代，人類也被記錄所吸引。洞穴人把日常生活中發生的活動記錄在漆黑洞穴的牆壁上。幾個世紀過去，我們從他們在壁畫上留下的日常紀錄了解當時的活動。

然而，如果你認為自己今天和明天的日子都差不多，沒什麼值得記錄呢？那怎麼可能，先改變你對活動的認知如何？生活中多巴胺急遽上升的情況屈指可數，日常事務帶給我們的多巴胺刺激程度都差不多，因此，如果像獵人一樣只將目光放在尋找戲劇性的活動，那我們很容易感到空虛。

法國小說《包法利夫人》的主角愛瑪在巴黎參加完派對後，頻頻打哈欠，並忽視比派對無聊許多的日常生活。她的腦海裡只有聚會中的華麗，因此住在鄉下的她訂閱了關於巴黎流行的雜誌，生活也離現實越來越遠。然而，我們的生活中如同閃電般的戲劇性活動很少見，而且總是轉瞬即逝。如果我們將重點放在這些瞬間，日常生活就會支離破碎，進而使我們想放棄生活。然而，生活中不是只有特殊的活動才值得我們記錄，反而我們應透過記錄將日常生活變成活動，因為記錄具有將平凡的日常生活變成特別事件的力量。如果你不同意這個說法，請跟我一起走進生活在紐約的無名作家海倫．漢芙的生活。

海倫是《查令十字街84號》的作者，這本書被改編成電影，還被製作成話劇和電視劇。得益於此，一生為生活所困的無名作家海倫一夜之間成了著名作家，但難道她僅僅因為一本書就如此受到關注嗎？在全世界廣受歡迎的作家作品受到出版社拒絕的情況很常見，但是海倫的情況與一般原稿被拒絕的作家不同。

海倫上大學後，因為貧窮未能完成學業，於是她決定自學，並制定了學習計畫。但遺憾的是，由於生活困難，她連自學都不如意，所以開始以寫文章維生。她曾在出版社工作，也撰寫、編輯過電視劇本，還在廣播電台工作過。雖然努力工作，但是她卻從未像一般人那樣擺脫生計擔憂。成為大人的要件是養活自己，所以不能因為付出沒有得到預期的回報就放棄。海倫進行全方位的寫作，但對戲劇特別投入。她抱著登上舞台的夢想寫了好幾篇文章，但是連一篇都沒能上場。一般人遇到這樣的挫折，可能會認為自己沒有才能，並且猶豫是否該辭職，但是海倫仍每天持續寫作，她無法停止寫作勞工的生活，因為換工作並非像換家電一樣容易。

沒有寫作者是不閱讀的，漢芙也不斷閱讀，她甚至有尋找「稀有古籍」來閱讀的興趣。有些書在美國只能買到非常昂貴的稀有本或學生版，正當她感到失望的時候，她在一家文學評論雜誌上看到倫敦稀有古書店的廣告。是位於查令十字街八十四號的馬克思與科恩書店刊登的廣告。漢芙寫了一份她想買的書單寄給馬克思與科恩書店。二十天後，漢芙拿到了三分之二她想要買的書，以及一封書店工作人員法蘭克的親切說明信。法蘭克經常去中產家庭買二手書，如果發現漢芙想買的書，他會單獨放好，收集好後再寄給她，若收購不到書，他也會寫信詳細說明情況。《查令十字街84號》的內容正是這家書店與漢芙來往的書信集。

漢芙收集了與法蘭克長達二十年的書信，並在五十四歲時出版。換句話說，這是一本集結書店顧客發送的訂單和書店員工寄送的發票所寫出的書。出版後發生的事令漢芙驚訝。這本書一問世，漢芙就收到了全國各地的粉絲來信。此書不過是訂書單和發票的合集，為何如此牽動人心？如果在現代，我們透過電子郵件、Kakaotalk或電話就能在一天內解決訂書問題。然而，在那個時代，光是收到信就需要一週以上的時間。再加上，書中除了業務內容外，還包含一些瑣碎的日常片段和感想。

由於物理距離遙遠，他們的書信往來只有在有事的時候進行，但隨著時間的推移，法蘭克逐漸看穿了老顧客海倫的閱讀喜好。就像我們即便沒看過某個人，也能透過社群媒體，就知道那個人喜歡的東西和投入時間研究的事物是什麼一樣。當海倫喜歡的書進到書店時，法蘭克會主動告訴她。雖然這些是告知書籍資訊、狀態和價格的信件，內容卻有幾行藉由說明書籍的情況描述書店員工們的日常生活。另外，雖然海倫寄出的信主要是與閱讀和寫作相關的內容，但是信中仍包含她的公寓出現蟑螂等紐約無名作家的日常瑣事。

漢芙透過朋友得知，二次世界大戰結束後，英國因為生活必需品不足，人民必須靠著配給生活。每戶一週只能拿到六十公克的肉，每人一個月只有一顆雞蛋，這讓她驚愕不已。於是她將雞蛋、火腿和肉等食品作為聖誕禮物寄到書店。法蘭克表示感謝：「這些在英國只有黑市上才能買到。」透過收發非書籍的生活必需品包裹，除了法蘭克之外，漢芙還與其他書店工作人員，甚至法蘭克一家通了信。對素不相識的陌生人給予的小小善意，喚起另一種善意的日常，不就是打動人心的活動嗎？難道這就是這本書受歡迎的原因嗎？這些書信明明不是情書，但是讀著卻讓人心裡充滿悸動。

漢芙在收到一封想像她長相的來信後回覆道：「說到我的長相，可以說像百老匯的傑士一樣聰明，我經常穿著蛀蟲的毛衣和毛褲，因為白天沒有暖氣。[1]」這些小事吸引著讀者們不斷翻頁。

收到食品包裹的書店員工們說：「我們的小孩因此有了活力，因為我

1 海倫．漢芙著，《查令十字街84號》

們用葡萄乾和雞蛋做了像樣的蛋糕！[2]」

從描述收到包裹後如何使用以及帶來哪些喜悅的信件中可以看出大家都度過了溫暖的時光。海倫收到書店鄰居，一名八十多歲的老奶奶親自繡的亞麻桌布作為食品包裹的回禮，以及用低廉的價格拿到狀態好的稀有書本時記錄下來的感受等內容都讓我不禁露出微笑。海倫和法蘭克還分享了對書的簡單感想，看著訂書信上的這些零碎紀錄，我心中充滿感動，這些未曾見過面的人們心連心的過程讓人感到溫暖。

大概了解漢芙艱難經濟狀況的書店店員們想邀她到英國。他們承諾只要漢芙買機票飛來倫敦，他們會隨時為她提供住宿。然而，漢芙的薪資必須用於牙齒治療和搬家等，而非前往倫敦的機票。每當她因為難以負擔倫敦機票費用卻想奔赴倫敦時，她都會透過觀看以倫敦街頭為背景的電影來撫慰濃濃的想望。

直到法蘭克死於腹膜炎，書店關門兩年後，漢芙才造訪書店。因為《查令十字街84號》在英國出版，那是兼具採訪和正式活動的行程。漢芙記錄下這次的旅行，並以《The Duchess of Bloomsbury Street》（布盧姆茲伯里街的公爵夫人）為題出版。她在書中透露她有多想見見法蘭克和他的家人，她坐在飯店附近公園的長椅上，望著英式小屋說：「我身上起了雞皮疙瘩，這輩子從沒這麼幸福過。」事實上，大部分漢芙訂購的書在紐約也能買到，但是她執意從倫敦訂購，因為她希望繼續和法蘭克的家人保持聯繫。如果是在現代，我們可以用IG私訊輕鬆下訂單，但是可能難以用私訊交換溫暖的友情。現在人們可以在漢芙生活過的紐約七十二街東三零五號的「Charing Cross House」招牌上尋找海倫將生活記錄為活動的痕跡。

如果你在每天沒有耀眼活動的生活中打哈欠，並且在社群媒體上用羨慕的眼神看著發生在他人身上的感動故事，你可以試著把這些故事變成自己的東西。悸動就是強烈感受到生活的喜怒哀樂。微小的紀錄有微妙的力

2 海倫・漢芙著，《查令十字街84號》

量，可以讓你回頭一看就想起當天的心情，心中泛起漣漪。如果偶然發現一張笑著的照片，你也能感受到原本以為遙遠的幸福就在自己的手中。

我寫不好稿子的時候會登入部落格，將日常小事和想法寫成「胡言亂語大雜燴」，當下看似無用的紀錄隨著時間的流逝，這些歷史積累成專屬的紀錄集。看著在部落格上留下的讀書或觀影感想，我就能與過去的自己見面。透過旅行記錄，我可以再次感受到旅行時的悸動。這樣的悸動可以發生在每個人身上，只要你將它記錄下來。

當你被日常的單調包圍，感覺向下沉淪時，將微不足道的日常生活一一記錄下來如何？將夏天常見的時令葡萄洗淨後倒入燒酒，放著不管就能品嚐到日後用錢買不到的特產葡萄酒，並在品嚐時感受到悸動。記錄也是如此，隨著時間的流逝，也許記錄中過去的自己，有一天能拯救現在覺得每天微不足道的自己，如同漢芙出版了一本書信集，收到了來自世界各地粉絲的來信一樣。

在ChatGPT時代，因為跟不上變化的速度而煩惱的時候

# 被速度感迷惑的畫家愛德加・竇加

當新科技問世時，即使我們一開始覺得不舒服，甚至感到威脅，最後也只能接受。聽說，ChatGPT不只能對話，還可以寫散文或小說。生成式ＡＩ擁有人類一生也讀不完的大量小說、詩、散文等多種文學作品，並且能將這些作品拼湊得恰到好處，創造出全新的作品。只要你親自用過生成式ＡＩ，就完全可以理解，甚至只要輸入文字指令，生成式ＡＩ就能生成圖片。

太陽底下本無新鮮事，創作並非從無到有，從無到有是發明。所有的創作都是從「模仿創意」開始的，也就是說創作是用新的眼光看待已經存在的事物，從這個角度來看，ＡＩ對創作者來說確實是具有威脅的存在。

ＡＩ能取代所有的工作嗎？這個問題沒人能爽快地回答，但是我謹慎地投出樂觀的一票。ＡＩ可以取代部分人類的創造力，但是不能完全取代。ＡＩ在沒有人類指令的情況下自主思考的日子即將到來，但是在我目前的想像力範圍內，人類是特有的經驗體。例如，即使看同樣的電影，兩個人也會有完全不同的感覺。因為感覺和情緒沒有指南，所以即使看了很多次同樣的電影，感覺也不一樣。情緒和感覺無法透過輸入指令來解決。

上班族報告的目的很明確，其中包含以現有資料和統計為基礎執行後的期待效果。上班族聽了也許會生氣，但是ＡＩ更會寫報告。我們跟不上ＡＩ找資料和統計整理的速度。小說、詩、散文等文學寫作又是如何？文學寫作的目的和報告不一樣，不是提供具體的資訊，而是描述人的情緒和內心。快速收集資料有助於寫作，但是在創意寫作中，收集資料的比例只佔一小部分。因為閱讀和文學寫作是投入感情的主觀領域。

作家們擁有的文本量雖然不及ＡＩ，但是經常閱讀他人寫的文章。喜歡閱讀的人當中有不寫文章的人，但是寫作者中沒有不閱讀的。我們必須閱讀他人的文章才能寫作。因為閱讀時的感受和領悟，與作家的經驗和想像力相遇後會引起化學變化。有個人證明了這一點。雖然領域不同，但是這位畫家也因為新科技的出現，開創出充滿個性的畫風。愛德加・竇加是著名的法國印象派畫家，以畫芭蕾舞者出名。印象派畫家們開始走出戶外畫畫的時期，是攝影技術出現並威脅畫作的時代。

在竇加生活的時代，讓畫家們走到戶外畫出陽光的移動和風景的原因是相機的發明。每個人都有記錄自己比實際「更好」的慾望。在沒有自拍和大頭照的時期，肖像畫中就包含了記錄的慾望。在裝飾房子，以及展現屋主的權威和威嚴方面，沒有比肖像畫更好的了。雖然現在多數人都是在畫全妝後拍大頭照上傳到社群媒體，或拍全家福掛在客廳，但是當時是向畫家們訂製肖像畫掛在會客室或走廊上。用二十一世紀的語言來說，畫家們就是擁有Photoshop效果的毛筆。雖然與實物相似，但是畫作更加漂亮且優雅，有時甚至擁有威嚴。作為回報，畫家在一定程度上擁有了經濟的穩定，但是相機出現後，照片取代了肖像畫。

新科技出現後，人類需要時間，但是最終我們都會適應，在科技首次開發並廣泛運用之前，人人都會感到害怕。在這輛時代火車駛向車站時，沒有人認為火車會傷害我們，但是據說蒸汽火車剛被發明出來時，如果巨大的火車噴著蒸氣進入車站，大家都會尖叫著逃跑，因為人們認為火車會撞到所有人。人們很快就發現火車不會傷人，便習慣了火車的便利。火車發明前做為主要交通工具的馬車則消失在歷史中。

新技術加上人類的創造力，就會產生技術與生活和藝術的結合。印象派畫家們因為便於移動的火車，得以前往巴黎近郊，並畫出了田園風光。

這與畫家們接受顧客的訂購後畫畫的情況不同。肖像畫不再是吸引人的工作。最重要的是，畫家們不再接受訂製，因而能在工作中保持自主性。由於畫家們不需再遵循既有的繪畫規範，畫畫時可以自由選擇素材和技法。於是畫家們到戶外畫風景，以及野外風景中的人們。風景畫得和實際相似是沒有意義的，因為如果想要和實物一模一樣的東西，可以拍照。在這樣的技術背景下，印象派誕生了。

雖然我們稱這股風潮為印象主義，但是更貼近一點觀察會發現我們無法只以一種特徵來描述所有印象派畫家，因為他們都以各自獨有的方式繪畫，所以不能單純用一種畫風來解釋。眾所周知，在沙龍展上落選的畫家們聚在一起舉行展覽是從印象派開始的。每位畫家都有自己鮮明的風格，在畫中追求的也不一樣。同樣是印象派，莫內主要去大自然畫風景，竇加則被生命體在室內移動所產生的活力吸引。

竇加最初畫的是賽馬場的馬匹，後來畫的是芭蕾舞者。他是個完美主義者，總是花許多時間仔細觀察動作，並反覆打草稿。

「如果我是富翁，我想買回我所有的畫，用腳撕掉畫布！我認為反覆畫同樣的主題很重要，哪怕是十次，不，一百次！[1]」

竇加的工作方式對於想在AI時代生存下來的上班族是有參考價值的。

如果說AI是用資料堆積起來的，那我們人類就是用經驗累積而成

1 Edgar de Gas著，《Degas Pastels》

的。個人經驗是獨特的，感情也沒有可以用演算法提取的邏輯或規則。因此，即使在相同的處境下，每個人的記憶和感受也不一樣。技術開發者和專家們都異口同聲地表示ＡＩ很難模仿人類的創造力。因此，唯有需要創造力的職業才能生存下去。

在智慧型手機時代，我們每個人都擁有一支攝影機。手機通話只是附帶的功能，我們主要使用手機搜尋、記錄、拍照，將照片上傳到社群媒體，並觀看各種影片。智慧型手機是手中的高性能電腦，是玩具，也是展示自己的手段。得益於此（？），我們過著無需記憶、少思考且依靠視覺的生活。現在又出現了取代我們想法的ＡＩ。我們能適應如此空蕩蕩的大腦嗎？

竇加在今日為我們帶來快樂的理由中發現了樂觀。繼賽馬場上的馬匹之後，他畫了芭蕾舞者。竇加對於將舞者們畫得與現實相似或美麗沒什麼興趣，因為他是被舞者們的動作帶出的活力所吸引。他畫了很多可以生動看到芭蕾舞者們伸展並移動身體的場所，也就是舞台後的芭蕾舞者。可惜的是，在描繪芭蕾舞者的動作時，無法如同相機一樣連續拍攝。竇加的解決方案是選擇某個動作來放大。他很自然地表現出當時攝影術做不到的東西。他的畫作就像使用了當時尚未發明的高倍率鏡頭來做出特寫和失焦的效果。

竇加在畫舞台上的芭蕾舞者時，會在舞者的臉和身體受到光線照射的部分加上更多顏色。雖然吸引他的是芭蕾舞者的活力和相機捕捉到的速度感，但是他反而描繪了更加靜態的場景。他曾被照片迷住，但是走上與照相不同的道路。事實上，他表示：「如果只執著於速度，就會產生不道德，不道德最終會帶來死亡。[2]」

竇加原本被相機能快速捕捉影像的功能所吸引，但是後來他卻越來越將重點放在相機無法捕捉到的東西。他不會把整個場所的東西和所有人物

2 Edgar de Gas著，《Degas Pastels》

的動作都放入畫中，反而對環境進行模糊處理，只把焦點放在某個動作，因此不論誰都能看出畫中竇加獨有風格的魅力。而且，他像相機鏡頭的運作原理一樣經過縝密計算，對作品進行修改，並在反覆修改後完成畫作。據說，他甚至還到買畫的人家裡去修改。畫作主人擔心竇加會來家裡修改畫，所以把畫藏起來。

他在攝影術出現後，沒有成為自卑的俘虜，而是找到了前進的道路。應該說，他反而因為能照實拍出畫面的照相技術問世而開發出不照實描繪景物的風格。因此，如果我們也能機智地利用ＡＩ，是否就能像竇加一樣發展出意想不到的風格，從而變得更耀眼呢？

覺得與他人不同的自己看起來很奇怪的時候

# 怪才達利

「沒有人有權干涉我腦海中萌芽的東西，我想成為自由的存在。[1]」

怪才薩爾瓦多・達利曾經這麼說道。難道只有達利希望成為自由的存在嗎？世界上沒有人希望自己連腦中的想法都被干涉。當我們腦中的想法萌芽時，我們通常會有兩種心情。一種是覺得這是我腦中的東西，所以我可以自由想像，另一種則是「我這樣想可以嗎？」為什麼我們會認為自己不能隨意想像，並且默默反思自己這樣想是不是錯了呢？

我小學四年級時曾缺課一個月，因為我當時一到學校就喘不過氣，頭也很痛，某天終於昏倒了，爸爸背著我回家後，帶我輾轉各醫院，試圖找出原因，但是無濟於事。最後去神經外科拍了腦部照片後，醫生叫我好好吃飯就行了。雖然沒生病是個好消息，但是我當時卻覺得很空虛。四十年過去了，我仍清楚記得醫生對我說的話，當時他的語氣就像是我其實沒什

1 Salvador Dalí著，《La vie secrète de Salvador Dalí》

麼病。回想起來，我想當時可能是罹患了恐慌症。但是過去大家對於照顧心理的觀念很淡薄，所以我很快就被認為是裝病的小孩。

當時不知為什麼我一到學校就不舒服，現在我知道了。學校對我來說是一個聚集可怕和討厭東西的地方，其中體育是最讓我害怕的。在「健康的體魄蘊含健康精神」的口號下，我不得不到運動場跳高和跳馬，所以我一到體育課時間就想消失，第二討厭的是無法理解的規則和紀律，以及與人密切相處的團體生活。這不是一個可以問「為什麼」的環境，我也沒有勇氣提問。為了遵守學校規則，我咬緊牙關苦苦掙扎。不論如何我都必須遵守學校的規定，因為要想成為值得稱讚的孩子，就要抑制在團體中突出的個性，成為沒有特色的孩子。

我們大部分人就這樣成年了，結果呢？這樣的童年經歷讓我們認為在人們面前一字一句說出自己的意見，多數時候是很尷尬的。雖然我想在大家都說玫瑰花漂亮的時候主張自己不喜歡玫瑰花，但還是不說出口比較舒服。當我的意見與別人的想法不同，因此發生爭吵時，我總會先反省自己是不是做錯了。也不只一兩次在回家後，在床上踢著被子思考自己是不是說錯話。如果你也因為說出與別人不同的意見，就覺得自己似乎太搶眼，甚至因此在床上翻來覆去，那麼借用達利稱自己是世界中心的膽量如何？

以怪才著稱的達利名聲可以追溯到他就讀馬德里皇家美術學校時期。在學校裡，他是大人們眼中的搗蛋鬼，在同齡人眼裡他則是個怪人。即使他已經知曉所有學到的東西，也經常堅持說不知道，並練習與老師教的東西相反的技巧。他的筆記本中歪歪扭扭的潦草字跡並不是因為他寫不出好字，心情好的話，他寫得比任何人都漂亮且端正，還曾經獲得一等獎，並且裱框掛在教室牆上。但要想做到這一點，是有條件的。達利要被某種東西迷住才會盡心盡力，例如若他迷上絲綢般光滑的紙張就會產生整齊地寫字的慾望。達利認為這樣的障眼法是種「才能」，並致力於不按他人的指示去做。他是一個永遠和有條不紊的人們作對的叛逆者，總是不聽使喚並且鬧彆扭。

他在馬德里皇家美術學校時期，某次收到了畫聖母瑪麗亞像的課題。

教授在說明該怎麼畫的時候，他轉過頭翻閱書本，看著找到的天秤，開始照實描繪。教授一責備，達利就若無其事地回答：「在我眼裡瑪麗亞就是長這樣。」他居然有這種膽量！如此叛逆的他成績當然不會好，老師在他的成績單生活記錄欄上寫道：「被根深蒂固的精神懶惰所束縛，完全不可能發展學業。」

然而，達利並不介意。在各種關鍵時刻，他都沒有遵循規則，而是按照自己的想法去做。馬德里皇家美術學校入學技能考試持續六天，達利必須按照規定作畫，但是從未按規則行事的達利在入學考試中也是如此。他的素描不合規格，反覆畫了又擦掉，浪費了考試時間。他在最後一天交出了不合規格的畫，結果卻合格了，因為他太優秀了，所以評審們一致同意錄取。從一系列的軼事來看，達利實際上是優秀的學生，但似乎對獲得標準化的認可並不感興趣。相反地，他經常從欺騙大人後，大人們驚訝的樣子中感到樂趣。從小萌生的這種反骨氣質在達利長大後仍延續下去，並成了他的風格。

他視務實為敵人，並且能在想像中看到畫面。達利從小就喜歡作夢，軟綿綿垂下來的手錶、漂浮在天空雲層中的事物等，都是他在自己的想像中看到的畫面。由於達利小時候經常生病，並且常常頭暈和偏頭痛，所以他時常看到一些幻影。他看到透過窗框進入的光線映照出的長影子垂在天花板上跳舞，所以他時常在畫中描繪影子拉長的模樣。達利畫的並不是他想像出來的畫面，而是他實際看到的事物模樣。他的代表作《記憶的堅持》中鬆弛的手錶也是表現出他眼中手錶的樣子。

一般自傳都是在人生的晚年用來回顧過去，但是達利在三十六歲就寫了自傳，並宣稱要按照自傳生活。這些胡思亂想使達利變得與眾不同，他對幼年時期就形成的各種瘋狂和才能抱有疑問，但是並沒有感到痛苦，而是努力使自己逐漸適應這些特質。他不是為了和別人一樣而努力，而是「有意識地」努力與他人不同。

我們一聽到「桌子」這個詞就會想起有四根支撐腳的固定形象，但是在達利的世界裡，椅子可以在桌子上。達利專門做一些怪事，如果去他的故鄉菲格雷斯的達利博物館，就能看到他華麗的怪才創造出多麼有意義的結果。

即使我們無法像達利一樣做出天才的怪事，但是我們獨自一人時，有必要猶豫自己是否會成為怪人嗎？我的一位朋友說，他洗澡後只會用毛巾隨意擦一下身體，就光著身體走出浴室，自然晾乾，睡覺時也是裸身睡覺。事實上，當人獨處時，即使脫光衣服也不會有人說什麼，但是我卻從來沒有裸睡過，所以我還是被朋友的故事嚇了一跳，我連想像都沒有想過要裸睡，因為我認為穿睡衣睡覺是理所當然的。

我們平時總是努力融入人群，怕自己會看起來過於突出，所以總是在模仿他人的行為，學別人說話。我們在別人面前徹底隱藏自己腦海中如花海般繽紛的想法。因此，哪怕只是一個人的時候，也請允許自己在腦海中自由種花如何？在達利的夢中，為了滿足自己奢侈的怪癖，他成為將同時代的人都變成奴隸的暴君，或者相反地成為寒酸的勞動者。但是，他總會大叫著自己的名字，重新專注在自己身上。如果你也想舒展因為總是看他人臉色而萎縮的心，像達利一樣喊出自己的名字如何？即使無法成為世界的中心，也能成為自己房間的中心吧！

因為現實中的自己與理想不同而痛苦的時候

素描天才埃貢．席勒

不需要任何人要求我也會寫書，即使沒有人等待我的書出版，我也很樂意承擔寫稿的壓力，甚至會因為沒有按照自己的標準寫稿而流淚。在這樣自發地折磨自己時，我會想像從未見過面的陌生人被我的文章觸動，我的書一定會熱銷，即使這個想像在現實中尚未實現。因為若想像沒人會讀我的書，那是絕對寫不出來的。我執筆寫書的力量來自與現況不同的想像，因為如果我在腦海中描繪未來的自我形象，我就能繼續孤獨的戰鬥。然而，現實中的我過著的卻是低能量的生活，意思是我一有空就會躺著打發時間。每當做完一項活動，我就需要躺著充電。我理想中的自己會查許多資料，並寫出幽默流暢的文章，但現實中的我更像懶蟲。雖然我以體力差為藉口，但是我不滿意這樣的自己。當我因理想中的自己和現實中的自己不同而感到痛苦時，我就會想依靠奧地利出身的素描天才埃貢・席勒的肩膀。

埃貢・席勒在現實的自我和理想自我之間也有著深深的峽谷，但是這個峽谷卻是席勒的有力武器。他為了以自己想要的方式過活而與環境和他人妥協。在凹凸不平的地面，以及四周高聳地圍繞著他的峽谷中，他需要地毯，也需要走路時不讓他感到腳痛的軟鞋，他是如何得到這些的？

埃貢．席勒對時尚很敏銳，總是穿得很整潔，在房子的裝修上也毫不吝嗇地花錢展現自己的喜好，他還出入昂貴的餐廳等，花錢如流水。他把畫高價賣給一些富有的贊助人，遠離窮酸和節省。雖然他經常因此抱怨自己沒錢，但是他還是無法忍受節約的生活。

在第一次世界大戰期間，席勒依舊過著豐衣足食的生活，在徵兵上戰場時，他像網紅一樣積極自我宣傳，這得以讓他因為畫家的名聲在那個艱困時期負責食品管理。在食物不足需要配給的戰爭時期，席勒因此吃得很好，好到下班後還有力氣可以畫畫。他之所以積極推薦自己，是因為他對物質上的窘迫非常脆弱。但諷刺的是，雖然他對賺錢很積極，但是卻對存錢不感興趣，反而很討厭錢。新聞記者兼藝術評論家法蘭克．懷特佛德（Frank Whitford）曾經挖苦地說席勒「裝窮」。

也許埃貢．席勒比較像活在二十一世紀的人，如同「讓我擁有的東西使人們想要」這句話所說，他傾注心力宣傳自己以享受物質和名聲。他拒絕中產階級的自足生活，實際上卻堅守著物質上的富足。以現代人的角度來說，就像我們討厭工作，但還是為了薪資獻出身心一樣。既討厭物質上的富饒卻又熱愛物質的人是不是給人很親切的感覺？也許他是為了表達矛盾的心情而畫了很多自畫像。現實中的他看起來乾淨俐落，但是自畫像中的他卻完全不同。他不好看，身材比例不對，且臉部扭曲，讓人無法正面凝視。自畫像中的他骨瘦如柴，難看極了。

他為什麼會畫出與現實一百八十度大轉彎的自畫像呢？從他的照片來看，照片中的他凝視著鏡中的自己，身穿白襯衫和流行西裝，梳著頭髮，是個帥哥。我們該如何解釋他的行為呢？席勒也許是一位浸入自戀浴缸裡的畫家，但是我從他的行為中讀出了痛苦。他可能是對自己感到絕望。文字也好，畫作也好，都無法假裝。即使不會畫畫或寫作的人都有能力洞察畫作或文章中蘊含的是事實還是謊言。

席勒寫的詩《我，永遠的孩子（Ich Ewiges Kind）》中有一句話傳神地表達了他的心情：

「我，永遠的孩子最終抓住了金錢擁有的傳統、束縛、匯率和效用，在眼淚中詛咒和嘲弄金錢。1」

席勒可能無法忍受出賣自己來享受物質上的富饒，如同我雖然曾在腦海中下定決心不與身邊的人相比，以自己的速度生活，但是看到從頭到腳散發著財富氣息的人仍會畏縮，並且想轉身遮掩自己的窮困。席勒在現實中，不論服裝、食物和裝潢都有執著的品味，但是卻把厭惡這些品味的情緒刻在了畫作上。難道是因為他想藉由畫告訴我們，現實的自我和理想自我之間存在著難以橫越的峽谷嗎？

他把自己定位為「永遠的孩子」，拒絕成為大人。大人是會遵循社會規範，向現實妥協的人，也是不單純從事經濟活動，而是即使討厭自己所屬的團體或背景，也會妥協，並努力維持和諧的人。從這一點來看，席勒是邊緣人。即使他嘲笑社會規則，但也只能活在其中。他與心愛的瓦莉（Valerie Wally Neuzil）生活了五年，但是卻與中產階級的女性結婚。從現代的觀點來看，他是腳踏兩條船，並有花花公子氣質的「壞男人」。在現實中，他徹底貫徹有利可圖的價值觀，但是心中可能並不滿意這樣的自己。就像我們一般人雖然嘴上表示感激自己現在擁有的東西，但是卻把目光放在比我們擁有更多東西的人身上。

我們忍受著不合拍的上司和同事，有時甚至害怕上班時間的到來。即便如此，我們也沒有勇氣辭職。我的一位朋友在同一家公司工作了二十多年，過著旁人都覺得支離破碎的疲憊職場生活，他即使馬上遞出辭呈也毫不奇怪，但是他為了每個月可以按時收到薪資，每天天亮仍舊去上班。他必須無條件配合公司老闆的變卦，並與他無法理解的同事們假裝關係良

1 Egon Schiele著，《Ich Ewiges Kind》

好，雖然這是極限的情緒勞動，但都是工作的一部分。

我的朋友現在迫切希望的是給被薪資束縛的自己自由，並過著從薪資中解放的生活。然而，現實是他很難消除每個月對信用卡費的恐懼。他能做的只有無限反覆配著下酒菜做同樣的抱怨，如同播放器按鈕壞了，只能重複播放同一首歌。他總是以酒和自嘲結束抱怨，第二天太陽一出來依舊拚命上班。然而，又有誰有資格說我這位朋友不夠勇敢呢？

不是每個人都有膽量離開侵蝕靈魂的上班族生活，餓著肚子擁抱簡陋的生活。沒有對策的勇氣對生活毫無幫助。我在三十多歲時拿出了勇氣，但是在經歷過辭職的波瀾後，我才領悟無論我到哪裡，類似的問題都會持續出現，這就是人生，也是成年人的生活。

席勒具有在現實中的自我與理想自我不一致時，透過繪畫逐漸形塑個性的才能。他寫道：「成為你自己吧！你自己！」也許他是在對自己唸咒語，而不是對讀者說。他是否在利用環境，過著富足生活的同時，卻極度害怕失去自我？

席勒被稱為素描天才，他充滿不安的自畫像給我們帶來了安慰。「不只有你這樣！」看似隨心所欲生活的席勒對人們的竊竊私語其實也難以釋懷。

我們沒有像席勒一樣展現不一致自我的手段和才能，但是我們卻有他從未有過的能力。那就是無論遇到什麼事，第二天起床深呼吸後，能安慰自己繼續在生活戰場戰鬥的誠實和平凡。我認為，這才是成年人生活中最常見也最寶貴的才能。

「若想要享受喜歡的東西，就要付出相應的代價，當你懂得付出代價並獲得，從而領悟時，才是享受生活。」

——海明威

野人家 249

# 不想上班的日子就讀卡夫卡

## 當帳單比詩集更厚、自信比畫布還薄時，讓巴爾札克、梵谷、海明威、安迪沃荷陪你度過『生計』比『詩與遠方』更重要的每一天

출근하기 싫은 날엔 카프카를 읽는다:예술가들의 흑역사에서 발견한 자기긍정 인생론

作　　者　金南今 김남금

野人文化股份有限公司
社　　長　張瑩瑩
總 編 輯　蔡麗真
責任編輯　徐子涵
校　　對　魏秋綢
行銷經理　林麗紅
行銷企畫　李映柔
封面設計　萬勝安
美術設計　洪素貞

出　　版　野人文化股份有限公司
發　　行　遠足文化事業股份有限公司 ( 讀書共和國出版集團 )
　　　　　地址：231 新北市新店區民權路 108-2 號 9 樓
　　　　　電話：（02）2218-1417　傳真：（02）8667-1065
　　　　　電子信箱：service@bookrep.com.tw
　　　　　網址：www.bookrep.com.tw
　　　　　郵撥帳號：19504465 遠足文化事業股份有限公司
　　　　　客服專線：0800-221-029
法律顧問　華洋法律事務所　蘇文生律師
印　　製　博客斯印刷股份有限公司
初版首刷　2025 年 8 月

ISBN 978-626-7716-70-0　( 平裝 )
ISBN 978-626-7716-68-7　(EPUB)
ISBN 978-626-7716-69-4　(PDF)


歡迎團體訂購，另有優惠，請洽業務部（02）22181417 分機 1124

國家圖書館出版品預行編目（CIP）資料

不想上班的日子就讀卡夫卡 : 當帳單比詩集更厚、自信比畫布還薄時 , 讓巴爾札克、梵谷、海明威、安迪沃荷陪你度過「生計」比「詩與遠方」更重要的每一天 / 金南今著 . -- 初版 . -- 新北市 : 野人文化股份有限公司出版 : 遠足文化事業股份有限公司發行 , 2025.08
　面；　公分 . -- ( 野人家 )
譯自 : 출근하기 싫은 날엔 카프카를 읽는다 : 예술가들의 흑역사에서 발견한 자기긍정 인생론
ISBN 978-626-7716-70-0( 平裝 )
ISBN 978-626-7716-90-8( 平裝誠品獨家書衣版 )

1.CST: 人生哲學 2.CST: 自我肯定

191.9　　114008409



野人文化
官方網頁

野人文化
讀者回函

不想上班的日子
就讀卡夫卡

線上讀者回函專用 QR CODE，你的寶貴意見，將是我們進步的最大動力。

野人
# 野人文化
# 讀者回函卡

書　名

姓　名　　　　　　　　　　　□女 □男　　年齡

地　址

電　話　　　　　　　　　　　手機

Email

□同意 □不同意　　收到野人文化新書電子報

學　歷 □國中(含以下) □高中職 □大專 □研究所以上
職　業 □生產/製造 □金融/商業 □傳播/廣告 □軍警/公務員
□教育/文化 □旅遊/運輸 □醫療/保健 □仲介/服務
□學生 □自由/家管 □其他

◆你從何處知道此書？
□書店：名稱 ____________ □網路：名稱 ____________
□量販店：名稱 ____________ □其他 ____________

◆你以何種方式購買本書？
□誠品書店 □誠品網路書店 □金石堂書店 □金石堂網路書店
□博客來網路書店 □其他 ____________

◆你的閱讀習慣：
□親子教養 □文學 □翻譯小說 □日文小說 □華文小說 □藝術設計
□人文社科 □自然科學 □商業理財 □宗教哲學 □心理勵志
□休閒生活（旅遊、瘦身、美容、園藝等） □手工藝／DIY □飲食／食譜
□健康養生 □兩性 □圖文書／漫畫 □其他 ______

◆你對本書的評價：（請填代號，1. 非常滿意　2. 滿意　3. 尚可　4. 待改進）
書名 _____ 封面設計 _____ 版面編排 _____ 印刷 _____ 內容 _____
整體評價 _____

◆你對本書的建議：

野人文化部落格 http://yeren.pixnet.net/blog
野人文化粉絲專頁 http://www.facebook.com/yerenpublish

廣 告 回 函
板橋郵政管理局登記證
板 橋 廣 字 第 143 號

郵資已付 免貼郵票

野人

23141
新北市新店區民權路108-2號9樓
野人文化股份有限公司 收

請沿線撕下對折寄回

野人

書號：0NFL0249